アジアと日本

検証・近代化の分岐点

寺岡　寛
Teraoka Hiroshi

信山社
SHINZANSHA

はしがき

日本の「近代化」の創始点が江戸期にあったとしても、近代化そのものは明治維新から加速した。そのことにそう大きな異論はないであろう。日本の早急で精一杯背伸びした近代化の帰結が太平洋戦争であったとすれば、日本の近代化は多くのことを得るよりも、多くのことを失った歴史であったことになる。

日本の近代化の動因は、内在的なもの以上に、欧州さらには米国の「近代化」がもたらしたアジアへの圧搾空気のような、外在的（＝グローバル）なものであった。その圧搾空気はさらに圧搾され、やがて日本社会という内部に亀裂を生じさせ、破裂させ、その破片が外部へと飛び散り、多くの犠牲をもたらした。わたしは日本の近代化が正だけではなく、負の部分をもともなっていたことをいっている。

冒頭から使っていることばとしての「近代化」とは、欧米諸国を中心とした工業化の波であり、これを支えるために再編されつつあった社会構成原理上の変革であったといってよい。つまり、近代化とは資本主義的生産関係の成立あるいはその移行過程と同義であった。

アジアへ押し寄せた近代化の波は、欧米を震源地とする地震の津波のようなグローバルな動きであった。いうまでもなく、日本は地理的にアジアのなかに位置した。日本とアジアとの地理的近接性は、かつての両者の関係を経済合理性の側面へと引き寄せ、その範囲において、日本は経済活動をアジアに拡大させてきた。

だが、その経済的距離感とは別に、日本人の「心理的」距離感から世界地図を描けば、アジアは遠い。ただし、むかしからそうであったのだろうか。

江戸期、アジア、とりわけ中国や朝鮮は日本にとり距離的にも心理的に近い国であった。また、現在の日本にとってアジアは近くなりつつあるとも、わたしたちは感じている。では、なぜ、明治維新後、アジアは遠くなったのか。わたしはそれを知りたくなり、その距離感の「なぜ」を考え続けた。わたしにとって、いくつかの重要な課題がその過程で浮かび上がってきた。

一つめの課題は、明治以降の「近代化」の意味を問い直すこと。それが現代日本社会にどのような影響をいまも与え続けているのか。ここらあたりに日本とアジアの遠近感の作用がある。

二つめの課題は日本と中国との関係である。中国は外資を梃子に高度経済成長が進展して、一九九〇年代に加速し、二〇〇〇年代に一層加速した。中国もまた「富強」という「近代化」を掲げるようになった。

三つめの課題は、前記二つの課題と重なる。日本と中国の近代化とは、改めてアジアにとって近代化とは何かという課題である。それはわたしたち日本人のアジア観とは何かという問いでもある。

とりわけ、この三つめの課題は、先の二つの課題をさらに鮮明にするだろう。だが、中国などの専門家でないわたしにとっては、中国などの「近代化」思想あるいはこれに抗した思想などを体系的に整理するだけの学識を持っていない。畢竟、わたしには最初の課題を追うことだけで手一杯となるかもしれない。

だが、あとの二つの課題を強く意識することが、中国などを含めアジアを、わたしたち日本人がどのようにとらえてきたのかを鮮明にするだろう。同時に、この視点と内実は、日本の近代化のあり方をより明確にしてくれるように思える。いまだに、「近代化」したであろう日本人と日本社会は、アジアでのわたしたちの居所を探しあぐねている。

本書の構成についてふれておく。序章では、一体、いつから日本は、地理的にアジアにあったにもかかわらず、意識上においてアジアと遠く離れているような社会と国になったのか、という点を探っている。いまではわたしたちにとって遠い存在となった感がある勝海舟と吉野作造を議論の「触媒」として取り上げている。第一章は魯迅を通して中国を考え抜いた竹内好を中心として取り上げた。

第二章ではアジアのなかでの日本の経済発展とその影響を取り上げる。孤高ともいうべき日本型経済発展の孤立性とアジアとの共生性が分析の中心になる。第三章は欧州が欧州連合という「地域統合」の方向性を持つなかで、地域としてのアジアを考える。第四章は地域統合のなかでの国家のもつ意味とその内実をとらえる。終章では、何らかのアジアと日本の展望が描ければと思っている。

昨今、日本とアジアの関係、とりわけ、近隣地域である韓国や中国との関係はギクシャクしたものであり続けている。わたしたち日本人あるいは日本社会、さらにこれを統合したかたちとしての日本政治は、一体、近隣地域の社会、政治、国家に対して何が譲れないのか、あるいは何であれば譲ることが出来るのか。わたしたちは何を守ろうとしているのか。これを問うことなくして、日本とアジアの明るい展望は開けそうにはない。

わたしは二〇〇六年前半をハイテクスモールビジネスの観察のためにフィンランドの小さな大学街で過ごした。大学でのいろいろなセミナー、バイオ関連のサイエンスパークでのセミナーやワークショップなどの際、フィンランドの近隣地域であるスウェーデン、ノルウェー、デンマークといった北欧諸国から関係者が自然に集まり、地域的な統合や利害関係の調整などを日常風景としていろいろなレベルで行っていた。

こうしたなかで、わたし自身はフィンランドなど北欧諸国のハイテク政策などを研究しながらも、北欧諸国にある相互の「仲間」意識の存在を感じ、私の関心は、日本とアジア、とりわけ、隣国である韓国や中国と日本との在り方に向かった。第二次大戦後、わたしの前の世代、そしてわたしの世代は、こうした問題を先送りにしてきた。もうそろそろ、こうした次世代への先送りはやめるべきである。すくなくとも、そう努力するべきである。

比較中小企業政策論を専門とする——つまり、自分の研究時間のほとんどをこの分野に費やす傾向にあったという意味と意識で——わたしには、容易に解くことの出来なかった問題もたくさんあった。しかし、そうであっても、日本人のだれもが出来る範囲で、日本とアジアを考えることの方が先送りするよりもずっと建設的であることはいうまでもない。

出版にあたっては、中京大学から出版助成を賜った。関係者にお礼を申し上げたい。また、編集など細々とした作業で、今回も信山社の渡辺左近氏にお世話になった。こころから感謝申し上げたい。

二〇一〇年六月

寺岡　寛

目次

目次

目　次

序章　アジアと日本

海舟と作造

わたしたちにとって、吉野作造（一八七八〜一九三三）は「大正デモクラシー」を代表するイデオローグであり、「民本主義」を主張した政治学者という印象が強い。だが、吉野は、後日、自らの学者人生を振返り、中国研究こそが政治学よりも得意分野であったとも語っている。吉野作造にとり中国は身近な国であり続けたのである。

吉野作造と中国との直接的出会いは明治三九［一九〇六］年であった。東京帝大政治科を卒業し、さらに大学院で勉学を続けていた吉野はこの年から三年間、袁世凱（一八五八〜一九一六）に招聘され、長男の家庭教師などとして天津に滞在した。吉野は中国とその政治のかたちに興味をもった。帰国後、東京帝大の政治史担当の助教授となり、当時の流儀に従い欧州諸国などに三年間ほど留学した。

「民本主義者」＝吉野作造の名前を広く世に知らしめたのは、論文「民本主義の意義を説いて再び憲政の有終の美を済すの途を論ず」であった。これは『中央公論』に発表された。大正七［一九一八］年であった。吉野自身によると、民本主義政治学者として著名になったこの時期から、ようやく「中国研究」を本格化させる余裕をもったという。以降、吉野は中国政治を観察し論稿を発表し続けた。わたしたちにとり政治学者としての吉野作造像が余りにも大きく、中国学者としての吉野作造像はまことに小さい。

そのころ、西洋的近代化を推し進めてきた日本にとり、江戸期などとは大きく異なり、文物移入の配給元として中国は畏敬すべき国ではなくなっていたともいえる。だが、振り返れば、明治維新前後の時期、中国は「西洋文明」の何たるかを知る上でも先進国であったことは忘れがちである。

吉野は、論稿「わが国近代史における政治意識の発生」（昭和二［一九二七］年）で明治新政府にとり重要な意義をもった『万国公法』ですら、その中国訳がなければ日本人は知ることはなかっただろうと述べている。『万国公法』の原著は、Wheaton の Elements of International Law である。同書は中国で六〇年間以上にわたりキリスト教の布教に従事した米国人牧師によって中国語に訳されたものであった。吉野はこの点についてつぎのように述べる。

「西洋の学問の講明については、シナの方がはるかにわが国より進んでおった。したがってわが国はシナの本によって盛んに西洋の文物を学んだのである。……シナにいた西洋人がシナ人と協力して民知開発のため盛んに各種の書物を出版したので、いわば日本人の必要とする知識は、どんな種類のものでも、これをシナに求めて得れないことはないというありさまであった。」

こうした中国像が大きく変容したのは、吉野作造自身も示唆しているように、日清戦争――中日甲午戦争――のころからではなかったかと思える。吉野は昭和五［一九三〇］年の論稿「対支問題」――執筆はこの前年——でつぎのように述べた。

「さて戦ってみるとシナは案外に弱かった。……これがわが国人の自負心を法外にそそり、急に前とは打って変わって隣邦の友人を軽侮するという悲しむべき風潮を作るの原因となったことを看過してはならぬ。……維新後われわれはもはや文物制度の先生としてシナを尊敬することはやめてしまったのである。ただ武力の点において侮りがたしとみていたのに、今度の戦争でこの沽券までがみじめに剥落した。」

同様のことを日清戦争以前に指摘したもう一人の人物がいた。勝海舟（幼名は麟太郎、本名は義邦、維新後は安芳に改名、一八二三～九九）である。

海舟研究者の松浦玲は『明治の海舟とアジア』で、明治政府の日清戦争開戦に真っ向から異議を唱えた海舟の中国観を「明治の海舟は、アジア問題について、同時代の日本人とは異なる考え方をもっていた。福沢諭吉の『脱亜入欧』論と対比させていえば、海舟は、アジアに踏み止まるという意見だった。ヨーロッパ的な国家になる必要はないと思っていた。……海舟は蘭学者であり、ヨーロッパ式近代海軍の創設者ではないか……にもかかわらず明治の海舟は、ヨーロッパ文明とヨーロッパ国家を是認しなかった。日本がそれに追従することに批判的であった」と紹介する。

この理由について、松浦は海舟が当時の中国とアジア情勢を意識したがゆえに、あえて日本はアジアに踏みとどまるべきであったと主張したと考える。すなわち、

「海舟においても、アジア問題の中でひときわ大きな位置を占めていたのは中国のことだった。〝『支那』は国家ではなくて人民の社会だよ〟という示唆的な発言がある。海舟はその『支那の社会』に深い畏怖の念を抱いていた。日清戦争に勝った日本の『国家』の方が、つまらないのである。日本はその『国家』的

性格のためにアジアを裏切った。……幕末と明治の両方を生きて、日本とアジアを彼なりにつぶさに見た上で、その人生の終りに当って日清戦争反対を表明したのである。開戦前にも、戦争中も、自分は反対だとだれはばかることなく言い、戦後もあの戦争は間違っていたんだよと繰り返す。日清戦争後の三年目、戊戌政変に敗れて日本に亡命した康有為や梁啓超には、『支那』の良さを捨てて日本の真似をするような馬鹿なことは止せと忠告した。」

当時の「支那」とは清国であった。こうした勝海舟に惚れ込み、海舟の晩年に毎週訪れ、対話を続けたのは巌本善治（一八六三〜一九四二）であった。巌本は海舟との座談をその日のうちに書きとめてくれていたのだ。海舟の語り口がそこにある。

巌本善治編『海舟座談』によれば、巌本は明治三〇〔一八九七〕年の七夕の日に赤坂氷川町にあった勝邸を訪れ、四時間半ほど話し込んでいる。清国に関するところを紹介しておく。

巌本「維新後、大機会をあやまったということは、いかなる場合ですか。」

海舟「（明治─引用者注）十年の西南戦争、今度の朝鮮征伐〔日清戦争〕サ。しかし十年の時は、まだ善かった。アレデ、こうなったというものもまだなかったが、今度は、皆がソウ言って来るようだ。どっちも勝ったものだから、実にいけない。もとよりドレといって明らかな事もなし、ズルズルだが、どうせ、これでいいと思う高慢が皆ンナいけないのだ。……」

巌本善治が残した座談記録にある日清戦争に関する談話はこのぐらいだが、清国の政治家などの名前はよく出てくる。いずれも海舟が仄聞したのではなく、直接会話を交わした者たちであった。「オレは若い時、シナへ行って見て、万事の大きいのにビックリした。我が日本の事を思うと、何もかも小さくて、実に涙がこぼれた。その小さい中で、また小さな小党派の争いをしているのだよ。」(明治二九〔一八九六〕年一〇月一七日)と、そこには、海舟の「支那」に対するリアリズムがあった。

同日の『海舟座談』にはさらに、「日清戦争の、勅令の出た頃は、丁度日光へ参って居た。途中で聞いて、ビックリした」と語る海舟が、伊藤博文に伝えた「漢詩」も収録されている。

隣国交兵日(隣国兵を交うるの日)

其軍更無名(其の軍更に名無し)

可憐鶏林肉(憐れむ可し鶏林肉)

割以与魯英(割て以って魯英に与う)

鶏林とは朝鮮のことである。魯とはロシア(魯西亜)を指す。海舟はいう。

「オレは、山県の出るときに、サウ言ってやった。『快く一戦して、いい加減にして、引上げて来なさい。決して長く戦って行けません』と。……今では大閉口して居るよ。サウサ、伍長位の下の連中サ。それが段々と上のものを強迫したのサ。……己が李鴻章にしても、ナニ馬鹿ナ。日本などと、本気に戦ふものか、サッサと逃げるよ。土地が広いから、逃げまはって二三年もかかるさ。大きに都合が善いよ。……」

よせばいいのに、隣国と交戦してしまった。軍を動かしたことに大義名分がないではないか。憐れむべきは朝鮮だ。やがてロシアと英国の領分になってしまうかもしれない。本格的に広大な国土をもつ清国と戦争をすれば、戦争は長期化するにきまっている。このように海舟は指摘した。

この四十年後、満州事変から日中戦争へと拡大し、泥沼にはまり込んだ日本の政治と軍隊の姿が暗示されている。海舟は「戦いに勝って、日本は敗れた」ことをいわんとしたのかもしれない。

先に紹介した座談の一年ほど前にも、海舟は支那について「シナはどうして大きなものだからネ。……その利口は大きいよ。シナなどに出来る人物は、恐ろしい大きなものだよ」と語ってもいる。

松浦はこうした支那観をもつ海舟のアジア中心の外交観などを、当時の日本外交の方向と関連させ解釈してみせる（前述『明治の海舟とアジア』）。いわば「三方向重視論」といってよい。

(一)アジア重視──「日本の外交も清国と連帯する方向で一工夫も二工夫もできそうなものだが、伊藤とおみきどっくりの井上馨外務卿は、欧米の意を迎える条約改正の方向で、鹿鳴館時代を出現させていた。清国との関係では、対欧米平等の実現とセットで対清国不平等の獲得という思惑がある。……海舟は清国重視の意見を持ち続ける。幕末に構想した日本、朝鮮、清国三国同盟の理念は、この時期にもいささかの変動もない。何如璋から黎庶昌へと引き継がれる清国駐日公使との交遊も、ますます濃やかとなる。」

(二)支那重視──「井上馨から大隈重信、陸奥宗光と引継がれて条約改正は、欧米との平等実現を目指すと共に、裏側では対清国不平等押し付けを目論んでいた。……その方向に反対し、信義を守って『支那』を敬重せよ……これがアジア人としての当たり前の考え方だけれども、このようにはっきりと述べた例を他に知らない。」

(三)旧慣重視──「藩閥政府批判の根本は、国内に不和を引き起こしている政策をやめようということである。なんでもかんでもヨーロッパの真似をして改革するのは、不和を引き起こすから宜しくない。弊害だけを取り除けば、元のままで善いのである。……全体を組み替える必要はさらにない。それをやれば、新しい不和を引き起こして、国が貧乏になり、下層民を苦しめる。……旧幕府の弊害を除去すれば充分だという海舟と、西洋型の新国家を創立する伊藤との、噛み合いようが無いほどの対立がある。」

松浦の「勝海舟論」からすれば、日本の江戸期以来の旧慣を重視せず、無理に無理を重ねて西洋的近代国家を創設しようとした重圧からきた混乱を、アジア重視、支那重視という政策的視点をもたず日清戦争で切抜けた伊藤博文（一八四一～一九〇九）や陸奥宗光（一八四四～九七）等の明治政府に毒々しく、ときに人を喰ったような言説で噛み付いたのが海舟の実像ということになる。松浦は海舟の「アジア」をつぎのように示す。

「中国や朝鮮に対する畏敬も、戦前・戦後を通じて変らない。日本は『国家』だが、中国は人民の『社会』で、国の興亡や国の戦争を『社会』から見れば上っ面の現象、日清戦争で負けても中国の社会は微動だもしないという認識がある。勝ったと思って馬鹿にすると、とんでもない目に会うよと警告する。……海舟にいわせれば、朝鮮や中国を叩いたり馬鹿にしたりすることが近代国家なのであれば、日本は近代国家にならないほうが良いのである。しかし日本は、条約改正と日清戦争によって、まぎれもなく欧米型の近代国家になってしまったのである。」

たしかに、日本は中国という「国家」に勝利したようにみえた。だが、その後、中国という「社会」に大きなしっぺ返しをくらうことになる。日本がアジアにおいて西欧的な外面をもつような近代国家となったことで、日本人は「ナショナリズム」をくすぐられた。だが、それはアジアに影響を及ぼしつつも、アジアから遠ざかったのではなかったか。松浦は海舟のアジア観の現代的意義をつぎのように示そうとする。

「地域としての『アジア』において、日本が突出した資本主義的近代国家となり、敗戦を経ての現在でも資本主義突出は改めて世界的な影響力を持ちながらも『アジア』を引きずる。日本人の自尊心、愛国的ナショナリズムは、それにくすぐられている。中国の『現代化』スローガンも日本人の愛国的ナショナリズムをくすぐっていると、残念ながら言い添えておかなければなるまい。こうして我々は、いろいろと難癖をつけながらも結局は日本近代の総体を是認する歴史観を保持し、日本の近代化が何故かくも成功したかという分析に力を注いでしまうのである。転換は難しい。アジアを、日清戦争のときに海舟が考えていたところまで立ち戻って考えてみるのは、転換を模索するための一つの方法となるだろう。」

わたしもまたそう思う。日本社会は、明らかに日清戦争を境にして大きく変わった。だが、多くの日本人はこれを意識していたのであろうか。巌本善治が勝海舟のところに足しげく通っていたころ、日清戦争後の日本社会の現状をとらえた報告書が世に出た。横山源之助（一八七一～一九一五）の『日本の下層社会』（明治三一〔一八九八〕年）である。富山県の左官職人の家に生まれた横山は、当時の多くの青年と同様に青雲の志をもって上京し、紆余曲折をへて「毎日新聞」の記者となる。

横山が記者となった「毎日新聞」の社主で旧幕臣の家に生まれた島田三郎（一八五二～一九二三）は、『日本の下層社会』につぎのような序文を寄せた。

「封建の世は過去の夢となれり。士農工商はもはや世襲の民族別にあらずして各自撰むところの職業別となれり。特権特許の制熄みて世や自由競争の社会となれり。……自由競争の結果は強者弱者を凌轢するに至らん。機械盛行の結果は資本家、労働者を抑圧するに至らん。昔時制度によりて武士が平民を凌ぎたる物、今後は資本によりて富者、貧者を圧するの世とならん。……」

横山は『日本の下層社会』で「現時の社会運動」という章で日清戦争が日本社会に与えた影響を取り上げ

た。横山は「余は日清戦役を以て労働問題の新紀元となす者なり、戦争それ自身が直ちに労働問題に関係ありとはいわじ。しかれども戦争の結果は機械工業の勃興を促し、労働問題を惹き起こすに至りたるなり」と前置きした上で、つぎのように指摘した。

①物価高騰の影響――「物価の高騰は貧民問題を喚起し、国費の膨張は地租増徴となり、まさに小作人問題を喚起せんとする。」

②社会問題の発生――「物価暴騰の一事実加わりて同盟罷工行われたり、労働組合は組織されたり。……日清戦役以来は経済社会は社会の中心となり、物質文明の発達と共に西洋諸国と同じく全く経済組織の欠陥に対する社会問題行われんとする。」

③思想上の影響――「戦争の影響を挙ぐれば一に工業のみにあらず、あらゆる方面に影響ありたり。経済上・思想上の影響ありしが如く。思想界において日本主義・世界主義の名称出でたる。」

いつの時代もそうであったが、戦争は物価を高騰させた。無理を重ねた日本の戦費調達は、その負担を農民に強いた。必然、小作人の不満を呼んだ。武器生産の拡大は、工場を中心とする機械・金属工業を発達させ、職工を増加させた。

にもかかわらず、物価高騰にはるかに及ばない賃金水準に対して、生活苦に喘いだ職工たちはストライキに訴えて賃上げを求めようとした。これが日本社会の内側であったとすれば、日本の外側において、大国＝清国への戦争勝利は、思想界における日本主義などを生み、日本の夜郎自大的精神の拡大を生みつつあったことに、横山は気づいた。

ここで冒頭の吉野作造に戻れば、吉野は、勝海舟の座談、横山源之助の日本社会観察のころから六年ほど経った時期に、既述のように三年間ほどを清国で送ったのである。さらにこの二〇年後、この経験を踏まえ、吉野は「対支問題」（昭和五〔一九三〇〕年、『時事問題講座』七巻所収）を発表した。吉野もまた日本人の「シナ観」の屈折点を海舟と同様に日清戦争のころに求めるようになっていた。

日本の分岐

吉野は明治初年の日本人のシナ観について、「明治の初年には、まだシナ古代文明の影響下にあった旧幕臣時代の教養を受けた人が多かったので、シナというものにわけもなく一種の感情的憧憬を寄する者あり、この国の文人でも遊覧に来たといえば喜んでこれを迎え格段の礼をつくしてこれをもてなしたというような事実もあって、今日に想像し得ざるほどの親しい交わりの個人的に結ばれた例はたくさんあると聞いて居る。けれどもかくのごときは単にそのときだけのことで終わり、これから発展して双方の国民が盛んに交通往来するというふうには伸びて往かなかった」と述べた。さらに、吉野は明治以降の日本のシナ観についてつぎのように指摘した。

「やがて西洋文明の輸入・模倣がようやくわが国において旺盛となる。西洋文物の盲目的尊崇はおのずから一時いっさいの旧きものを捨てて顧みざるの風を流行させる。すなわちシナの文物もいわゆる旧来の陋習の中に巻きこまれて顧みられるようになる。はなはだしきに至っては不当に軽蔑され、または邪魔もの扱いにされることすらある。……昨日まで先輩と崇めていたのを今日は頑固な時勢おくれと軽蔑するわけである。軽蔑されていい気持のするはずはないから、あちらでもこちらの態度を小癪に障える。かくして日支両国の国民的親善という見地からいえば、明治時代というものはだいたいその初めからもっとも不祥な空気に包まれておった。……」

吉野はまた、「若き日本の眼にはその初めシナは徹頭徹尾威迫的勢力としてのみ映じ……シナは当時の政治家にとってはやはり怖るべき一強国であったのだ。したがって日清戦役のごときもわが日本としては実は初めから歴々たる勝算があってやったのではなかった。……わが国にとっては真に文字通り乾坤一擲の大戦争であったのだ。もしそれ第三者の地位にある諸外国の態度はといえば、おそらく事前に日本の勝利を予想したものはただの一国もあるまい」と当時のわが国内外の状況を振り返った。

こういうなかで、明治二七〔一八九四〕年八月一日、日清両国は宣戦布告を行うことになる。結果として、日本は軍事的勝利を収める。吉野は日清戦争後の日本人のシナ観の変化をつぎのように分析した。再度引用しておく。

「さて戦ってみるとシナは案外に弱かった。……これがわが国人の自負心を法外にそそり、急に前とは打って変わって隣邦の友人を軽侮するという悲しむべき風潮を作るの原因となったことを看過してはならない。……維新後われわれはもはや文物制度の先生としてシナを尊敬することはやめてしまった。」

こうした傾向とは別に、清国脅威論も存在するには存在していた。すなわち、それは「一部の識者にはむしろ彼方他日の復讐に備うるの急務を痛感せしめた。……きっと近く将来に捲土重来の勇を奪い、われに向かって復讐をはかるに違いないとみたのである。国土の大なる、人口の多き、しかのみらず資源の豊富なる、計数のうえでは我はとうてい彼の敵ではないとの考えは、……ひそかに心を痛めた識者は、日本の将来の安全のために結局何に考えが及んだか」という吉野の指摘にも現れている。吉野によれば清国脅威論の帰結はつぎの三点に集約できる。

（ア）軍備整頓・拡張論。
（イ）産業開拓・振興論。
（ウ）清国の革命的秘密結社利用論。

最初の二つは自明と思ったのか、吉野はこれらを詳述せず、もっぱら、吉野自身の中国滞在での知見を元に、（ウ）の日本側の「援助者」と清国側の革命家あるいは秘密結社の交流を中心に取り上げた。日本人のある種の判官びいきのためか、日本人個人の情熱の発露としてか、あるいはいろいろな立場の思惑からか、当時の孫文（一八六六～一九二五）の革命に対する日本側の援助は決して少ないものではなかった。

吉野はこの帰結を逆説的に「シナの革命は日本人の援助によってみごとな成功をみたということもできるのだ。それほどの深い関係のある日本は革命とともにシナからいかに報いられたか。……結論を急ぐと『排日』という一語に尽くる」と述べた。日清・日露戦後の日本人の「シナ観」は、孫文らの辛亥革命のあとにさらに大きな変容を遂げていくことになる。当時の吉野はつぎのように整理した。

（一）「わが国はもはやシナを恐ろしいものとはみなくなった。北清事件において清国の正体を見抜き、諸外国といっしょになってむしろ彼をばかにするようにさえなった。こうなってみると、日清戦後、清国の復讐をおそれたことがいまさらおかしくもなる。その結果、他日の変にそなうるという意味で革命党を操縦するの必要はなくなった。」

（二）「わが国の『力』の自覚がまた前項の態度を勢いづけた。ことに日露戦役以後は軍国としての世界の雄たるの自負心ができ、シナなどはむろん屁とも思わなくなった。……その結果として新たにシナを、ことにその一部たる満蒙を、わが国国防上の目的に利用せんとする考え方を起したことはいうまでもない。しかしてこうした日本の新しい態度は、従来われともっとも親しかった青年革命家の愛国的熱情と悲しむべき正面衝突を免れぬ運命にあったことは説くまでもない。」

(三)「清朝に対する一大牽制力として活動してもらえばいいのであるから、革命党が本来の目標をめざしてずんずん伸び行くことのほかに日本側の望むところはなかった。しかるに今はそうした必要はなくなった。……いずれにしてもわれわれは漸次革命党の運命に関しては従来のごとき同情ある態度を持続し得なくなった。」

(四)「かかる新しい形勢はおのずからまたシナ革命運動に直接の関係を有するわがいわゆるシナ浪人の一団にも多大の影響を与えずにはいない。……シナ浪人の多数はやがてわが国大陸進出主義者の手先となった。」

孫文による「シナ革命運動」(第一革命)はやがて南京政府の樹立というかたちとなっていく。当然、この革命をめぐってはさまざまな「利権問題」が浮上することとなった。吉野は「第一革命成功直後、日支両国要人間に交換され、しかして彼我双方の心ある者を懊悩せしめた利権問題は、大小もれなく数え上げるとかなりの数に上る」と述べた上で、その後の袁世凱(一八五九〜一九一六)による「第二革命」が従来の日本の利権構図を突き崩すとみた。吉野は当時の日本の外交姿勢に分析を加え、この点をつぎのように指摘した。

「相手の立場を深く洞察せず自家の『希望』を貫徹するに突進して事態の正視を誤り、とんでもない失敗をみた例はわが国の対隣邦外交にすこぶる多い。いずれにしてもこういう日本の態度がけっきょく老猾な袁世凱の利用するところなり、細かいこといま詳述するをはばかるが、見苦しい失敗のあとを残して晴れの舞台から悄然としてわが日本の退かねばならないはめに陥ったことは疑いもない事実である。……その後袁世凱は英国方面の援助をかりなどして着々地盤の開拓に邁進した。日本のごときは今やほとんど眼中にない。欧州戦争という意外の出来事がなかったら、日支両国の関係はその後どんな発展を取っただろうか、想像するだに寒心の至りである。」

その後の日中関係の進展のありかたを歴史的知識の在庫としてもつ現在のわたしたちにとって、「欧州戦争という意外の出来事がなかったら、日支両国の関係はその後どんな発展を取っただろうか、想像するだに寒心の至りである」という視点は吉野の慧眼であった。どれほど、当時の日本人がこの指摘の重さを知っていただろうか。

吉野自身は明治三九〔一九〇六〕年に袁世凱の長男の家庭教師として天津にいた。この年の六月に袁世凱に直接会っている。以来、明治四二〔一九〇九〕年一月、東京大学の政治史担当教授となるまで袁世凱などを中心とする現場の「シナ情勢」に接していただけに、この指摘には迫力があるのも当然だろう。

この後、吉野はこの『対支問題』で袁世凱が行詰ったことで、日本が夜郎自大的に一層の「大陸進出」を進めた結果、起こった排日運動、そして「二十一ヵ条」以後のさらなる中国側の反発などに詳しくふれた。重要な部分を紹介する。

①排日風潮――「この大陸進出ということによって、さらでもひびの入った日支関係はとみにいちじるしく困難なものにされたという事実を知ってもらえばいい。……（日露―引用者注）戦争の結果として旅順・大連を獲、また南満・安奉両鉄道を継受した以上、否でも応でも新たに手を遠く南満州の地に伸ばさざるを得なくなる。しかして満州はいうまでもなくシナの領土だ。そのシナは青年論客の鼓吹宣伝に

よってようやく郊外的愛国心に燃えんとして居るのだ。……シナの民間には、ことに青年論客の間には、排日ということは一の動かすべからざる根本方針になった。」

②二一ヵ条要求――「これが無理押しの結果であっただけ、シナ青年の反感をそそれることおびただしく、……最後通牒の交付を受けた五月七日をもって国恥記念日となし、年々国を挙げて排日示威運動を行なわしめて居る。……その怒らした青年は、多くみな日本に学び日本人の世話になり本来日本を徳とすべき地位にある人たちである。」

③西原借款――「雲南の唐継尭によって倡始された革命の叫びは、各地に鬱結しておった反袁感情に爆発の機会を与えた。……しばらく傍観の地位にあった日本は段祺瑞の天下になって急に活躍を始めた。……段が袁に継いで袁にもまさる実権を占め得たのは、……主として陰に陽に日本からの多大の援助を得たからであった。……シナの外交・財務の当局者に日本の留学生でありまた永く日本に公使でもあった陸宗輿・曹汝霖らの青年政治家があり、……この接近の結果は西原借款となって現われた。……けっきょく莫大の金の徒費も無益に国力を消耗せしめただけに至った。」

吉野は一連の「へまを重ねた」日本外交について「シナからみて要するに産業日本・軍国主義の侵略的大陸進出である。……幸か不幸か日本国民の多数は多くの問題につき政府の対支方策には反対の意を表してきた。……けれども日本を代表してシナ大陸に活躍する諸勢力の態度は依然として旧態を改めない」状況を憂いた。吉野は「国民として今後正しい日支外交関係を樹立するうえに根本的に必要」な五項目を掲げて、日本の対支問題の結論とした。

（ア）「日本がシナに対してなせる過去の行動を慎密に反省すること」――「新たに彼我相親の境地を発見

するに資するだろう。」

(イ)「わが方過去の行動のかの地における評価を探りかつこれを味わうこと」――「どんなに親しくなっても、彼らは畢竟外国人だ。同一の行動も、彼らからはわれわれ同胞間におけるとはまったく別個の意味に取られないと限らぬ。こういう点についての思いやりはわれわれにおいて実は格別に鈍いと思う。ことにシナ関係の日本人の最初の出発点が国家的または政治的であっただけにこの点の斟酌はもっとも大事である。」

(ウ)「シナそのものの動きを忍耐して永い目で見ること」――「大国のシナを持ち運んで来た隣邦四億の大衆は、決して無能の民族だとはいえない。……従来の日本側の対支方策には、全然将来の発展ということを無視してたてられたものがなかったか。極端にいえば、今に破産でもするだろうと見据えのついた大家の道楽息子に取り入って、うまい汁を吸おうとしたという嫌いもないでない。西原借款はそのいちじるしい例だ。……これみなシナの前途の観測においてあまりにも安価な軽物侮を寄せた結果である。いずれにしてもわれわれは一応出発点に還ってあらためてシナ観を鍛え直す必要がある。」

(エ)「世界の大勢ならびにその東洋における波動の注視を怠らぬこと」――「世界大勢との協調を図らねばならぬ。」

(オ)「シナに対する日本の真の必要を攻明すること」――「今まで日本のシナに求めたものは日本の真に必要とせしものかいなか。」

吉野は「対支問題」で日中関係の行詰りを予感した。いうまでもなく、彼の予感は現実となって日中関係に重くのしかかっていくことになる。

吉野の予感

吉野は『中央公論』（昭和七［一九三二年］一月号）に「日本の満州経営」を取り上げた「民族と階級と戦争」を発表している。三四ヵ所に検閲のための伏字があてられたこの論文で、吉野は日本の軍事行動（＝侵略行動）が満州問題と日中関係をさらに複雑化させることに危惧を示している。

「政府ことに××××（軍部当局は―引用者注）いまなおしきりに自衛権をもっていっさいの行動を説明せんとして居る。去年の春、南陸軍大臣（南次郎、第二次若槻内閣時、後に朝鮮総督。東京裁判のA級戦犯指定―引用者注）は錦州政府の関外に存立する間は邦人の生命・財産は安全なるを得ぬ。張学良の勢力を満州から完全に駆逐し去るまでは軍事行動をやめないと宣言した。……ここまで行くと実は××××（侵略行動―引用者注）になるのだ。……満州が領土接壌の特殊地域である点まで認められて来たところである。……ところが満州を特殊地域とする意味はわが国においていつのまにやらだんだん変わって来て最近はとくにその経済的方面を高調するようになった。」

吉野はこの背景を「表向き政府や軍部はいまなお満州における軍事行動を自衛権で説明しようとして居るけれども、一般国民の方はしらずしらずの間に日本民族の生存上の絶対必要ということに目標を置き換えて居ると。……それにこのごろよく人はいう。日本の軽工業はもう行き詰った。これからは重工業に移るのでなければ産業の将来に見込みはない、とはたしてしからば満州の重要性はますます加わるのだ。……昨今いろいろの人からこんなことを聞かされる。満州に権益を張らなければ日本は滅びる、民族の生存繁栄のためにいやが応でも満州に確実な地歩を占めなければならぬ、と。国民は今はかく信じて出兵を承認した」と説明した。

軍部などの軽はずみで後先を考えない「自衛的」軍事行動は明らかに侵略行動であったにもかかわらず、一端、拡張してしまった軍事行動はその後にさまざまな国策的理由——とくに国内の経済的苦境の打破政策として——が付与され、正当化されていく過程を吉野は冷静に分析した。

いったい全体、「満州の権益」とは一体何を意味するのか。それは本当に日本の生存を大きく左右するものであるのか。冷静な議論と検討がないままに、軍事行動のみが拡大していく先に一体何があるというのか。吉野は満州の権益問題を「帝国主義」という視点から論じた。日本の満州での軍事行動は「帝国主義的」であるのかどうかを問った。

「帝国主義」とは、一般に英国、ドイツやフランスなどの欧州諸国の海外植民地獲得に関わる運動や政策を指してきた。こうした欧州諸国間の外交政策とこれを反映した内政は植民地獲得をめぐる軍拡競争を引き起こした。吉野は日本の満州における軍事行動の本質も「帝国主義的」であると述べる。

それでも日本政府が「帝国主義的進出」を思いとどまることができれば、「日本民族の前途に光明はない」のかどうか。吉野は「どうしても自滅したくない覚悟をきめて、ここにはじめて帝国主義の再吟味となる。われわれは自家の生存のために満州に権益を設定してわるいのか」という問題提起をおこなった。

「中国通」の政治学者の吉野は日本の帝国主義を正当化するにしても、否定するにしても、きちんとした議論がなおざりにされていることを憂いたのだ。吉野はつぎのように述べる。

「全国民がただ一本調子に歓喜するのみなるは決して正義の国日本の誇るべきすがたではない。満州事変に関する問題の全面について国内にもっと自由無遠慮な批判があってもしかるべきではあるまいか。今次の事変は日清戦争や日露戦争などとは全然その性質を異にするものである。」

しかしながら、自由無遠慮とはいいながらも、吉野のこの論文には「軍部当局」、「軍事行動」、「帝国主義(的)」、「侵略行動」、「自衛権」などの表現が厳しい検閲を受け、伏せ字扱いとされていた。そのこと自体が当時の世情を反映していた。

吉野は言論界の様子を「不思議なほど諸新聞の論調が一律に出兵謳歌に傾いておることであり、他は無産党側からいっこうに予期したような自由豁達の批判を聞かぬことである。無産党は黙し、新聞は一斉に軍事行動を賛美する。国論一致は形のうえでできあがった」と指摘した。

日本国内における批判勢力の弱さは、やがて国際世論とのずれをさらに大きくしていくことになる。このずれは、日本の中国への見方と、世界の中国への見方とのずれを覆い隠し、さらに大きいものとしたにもかかわらず、「ずれ」そのものをさらに覆い隠していくことになった。

吉野は「国際連盟における空気はすこぶる邪悪である」と述べた上で、「自衛権の××(発動―引用者注)をもって×××××(帝国主義的―引用者注)進出を××(弁護―引用者注)せんとしたからの失策であって、初めから日本民族生存の必要を盾に取ったらこうまで難儀しなくても済んだだろうと思う。わたしは、今次の事変は従来しばしば経験した戦役の場合とは違う、国論の一致を説く俗論に××(同調―引用者注)すべきではない」と指摘する

「従来社会の木鐸」であるべき新聞も、「帝国主義的戦争絶対反対を重要綱領の一に掲げてきた」無産党も「義理にも何とかこれに文句をつけねばならぬはずだ……今やわれわれの予期に反いてとんでもない方向に走りつつある」と吉野は嘆いた。こうした当時の日本政治の行方を「いずれ近き将来に機会を得て別にその

ことをも説いてみたい」と述べ、吉野は稿を終えている。吉野は再度筆をとることはなかった。

吉野のこの論文が発表された年、関東軍は満州国を建国した。国際連盟は日華紛争委員会を組織し、英国の元インド総督ビクター・リットン（一八七六〜一九四七）に満州事変と満州国の実態調査を命じた。翌年三月、吉野が亡くなった一〇日後、外務大臣の松岡洋右（一八八〇〜一九四六）はリットン報告を不服として国際連盟を脱退することになる。

先に紹介したが、吉野は満州事変後の日本を「とんでもない方向に走りつつある」ととらえ、日本の国際連盟脱退と日中の全面的軍事対立を予想していたのかもしれない。国際連盟脱退後、関東軍は軍事行動をさらにエスカレートさせていった。

シナと満州

吉野が満州での関東軍の軍事行動とその帰結を強く意識して「民族と階級と戦争」を発表したころ、東京大学で植民地政策を論じていた経済学者の矢内原忠雄（一八九三〜一九六一）も満州問題を取り上げていた。

矢内原は、昭和七［一九三二］年の『改造』四月号に「満州事変は日本帝国主義と支那国民主義との衝突である」という文章で始まる「満蒙新国家論」を寄稿している。

矢内原はこの論稿で日清戦争は日本にとって決して「帝国主義的戦争ではなく、寧ろ我国の近代的国家としての生存確立の為の戦争であった。……爾後十年日露戦争の我国に取りての意義は、その原因に於ては日清戦争と同性質であり、異性質を帯びるものであった。満州を通じて朝鮮半島へのロシアの南下は、近代国家としての我国独立確保に対する脅威であった。之を排撃阻止する点に於て日清戦争と同性質のものであった。併しこの戦争の結果としてロシアが南満州にて有したりし権益を継承したることにより、満州それ自体に対する我国の積極的関心が始まった」と指摘した。

たしかに、矢内原のいうように、日露戦争で日本が辛くも「勝利」したことによって、むしろ日本は満州でロシアと経済的権益をめぐって対峙し続けることになった。このことについて、矢内原はつぎのように述べている。

「特殊地域政策は特殊権益保護の為めの政策である。かくて我国は張作霖に対し補境安民、関外不進出を熱望した。……特殊地域政策は我国満州政策の伝統であった。而してこの政策の下に我国の資本及商品は満州に進出した。（中略）満州特殊地域の主張は張作霖の北平進出に至る迄は実質的基礎を有って居た。満州は支那の辺境であって、従来地理的にも歴史的にも別天地を為した。且つ支那の政治的不統一、軍閥割拠の情勢により、支那中央政府と連関なく張氏の政権により専制されて居た。かかる事情の下に於ては満州は特殊地域の実体を具備したのである。張作霖の中央進出はこの実態を破壊する端緒であった。」

この後、矢内原は満州と「支那中央政府」との対立にふれつつ、ロシアに加え米国資本の進出もあり、「満州事変は日支の衝突である。併し、……広汎なる国際的関係の下に於て見なければ、之を十分に理解するを得ない」とした上で、当時の多くの経済学者なども主張したように、日本「資本主義下の農村を中心とする過剰人口圧力と海外殖民との関係」を指摘する。最後に、上海事変にまで拡大してしまった日支軍事衝突の行方と日本のあるべき対応方向について、矢内原はつぎのように結論付けた。

「上海事件は起った。事変に次ぐに事変、手綱を放れた悍馬の跳ぶが如くに、我等は将来の見通しさへも容易につかない。ただ満州事変と上海事変は同根である。上海は偶々、満蒙問題は支那問題の一部たる事実を強く認識せしめたであろう。支那を離れて満蒙問題は無いのである。古い言ひ草ではなるが、東洋平和は日本の国是であり、而して東洋平和の中心は日支親善にある。日清戦争も東洋平和の為め、日露戦争も東洋平和の為めに戦はれた。新満州国が果たして東洋平和の保障となるか、……それに鍵を与えるものは日支の全体的関係である。今日それは悲しむべき状況の下にある。就中、悲しむべきは支那の排日機運である。我国は……国力充実により漸次に外国の不平等を撤去せしむるを得たのである。支那が近代統一国家建設の国民運動に於て拠る処は、内に対しては三民主義、外に対しては打倒帝国主義である。……支那の最大の急務は所与の事情の下に於て能ふ限り急速にその国民的統一を完成することにある。……日本の対支政策の根底は支那の近代統一国家化の助成に存しなければならない。支那の統一無くして日本の繁栄無く、支那の排日有る意義ある対支政策である。」

この見方は吉野作造の見方にも共通している。しかし、日清戦争と日露戦争が東洋平和のために戦われた戦争であったとすれば、満州や上海での戦争はいったい何のために戦われたのであろう。

当時の日本のナショナリズムと軍部のもつエネルギーの熱量放出は、国内ではなく盧溝橋事件に象徴されたように、容易に軍事行動に結びついていった。中国での排日そして抗日運動が生み出されていった。そこに東洋の平和があるはずはなかった。

盧溝橋事件の前年の昭和一一［一九三六］年九月四日に、文芸春秋社は「軍に直言する座談会」を開催した。出席者は、新聞記者の阿部真之介（一八八四～一九六四）、鈴木茂三郎（一八九三～一九七〇）、経済学者の有澤廣己（一八九六～一九八八）、政治家では片山哲（一八八七～一九七八）、喜多壮一郎、土倉宗明（一八八九～一九七二）、労働運動家の加藤勘十（一八九二～一九七八）、評論家の堀真琴等であった（座談会内容は『文芸春秋』一一月一〇日号に収録)。

最初の発言者は阿部であった。厖大となった軍事費を問題視し、土倉がこの発言に応じた。

阿部「何故に斯くまでも多額の軍費が必要であるか、戦争をするのか、若くは戦争がもう必至情勢であるのかといふ様なことに就いては、どうもハッキリ説明されてないようなのでございますが。」

土倉「大体日本の現在の国力を以て、優秀なる民族として、せめて東亜の民族をリードするといふ大理想を懐いて進む上に於ては、どうしても或る程度の武力国防といふものが必要となって来ると思ふ。……今の日本の力で果たして出来るか出来ないかといふ事を先づ考慮して見ることが先決問題……さういふ無限大の空想みたいな国防を以て起つべきぢゃない。一歩々々現実に日本の前途を打開して、さうして日本の優秀な民族をアジアに及ぼし或は東亜に及ぼす。今の様ぢゃア、如何に日本精神を説いても、東洋の弱小民族から信頼されないような、独りよがりの様な論といふものは、私は先以てその事自体が不合理ぢゃないかと思ふ。附いて来る者が一人も無いといふやうな東亜の盟主が何処にあるか。……」

このあと、議論は日本経済の行き詰まりと打開方向、戦争によって日本経済の行き詰まりが果たして解決されるのかどうかに移った。そして、論点は「極東の危機」とこの打開について議論が集中し展開した。

鈴木「日本の搾取が国内市場に於て行詰ったから満州の市場を拡げ、強くしなければならぬ。……これは日本国内の搾取の行詰りを海外に打開しやうとする所から来て居ると思ふ。兎に角或る程度まで行くだけは行った。ところが貿易が去年あたりから悪くなって来た。……ウンと海外に押出した時から日本を中心に極東に於ける国際的危機といふものが作り出されて行って居る。それは何と言ったって、支那が攻めて来て日本の領域を侵すといふことはない。……」

土倉「今まで日本が大陸に試みた平和的手段の上に於ては経済関係がある。つまり対支借款とか或いは援助とかいふ問題で、この率度の多かった時には日本と支那との関係が極めて円満であった時代である。……徹底的に経済的援助を支那に与へるならば何を好んで遠くの親戚（英米あるいはソ連―引用者注）を頼る必要があるか、日本を頼るに決って居る。……何時でも経済的の援助も徹底的の援助もせず、武力的弾圧を加へ得ずといふ所に日本の根本的の悩みがある。……」

鈴木「今日のところ満州事変以来武断的の方が強くなって来て居る。それを外交的の工作に依って矯めるといふことが日本全体に取って必要ぢゃないかと思ふ。……」

日本側は武力的弾圧というが、では一体どこの国と戦争をするというのか。国際協調の可能性はないのか。阿部と堀はつぎのような議論を交わしている。

阿部「一つの資本主義段階として対内的にリードして来た日本軍部は対外的にもリードして居る。或は外国に対して軍部的な色彩を濃厚ならしめて居る。さういふ色彩を一転させて、外交政策を今迄のリベラズム的の外交政策に方向を変へさせる工作といふものが現実の段階として可能でせうか。」

堀「私は可能だと思ひます。……北支の問題などに就てもやはり日本があのように積極的に出て行ったから戦争の危機とか或は日支間のいざこざが起きてきたのであって、あの場合に例へば日本の経済的な発展をあの方面に行ふといふのであれば、軍部の力ではなくて別な平和的な手段で以てやり様があるだらう。……」

戦争は「事変」という「かたち」で継続されていった。やがて、戦争は聖戦といわれるようになった。たとえば雑誌『雄弁』の昭和一五〔一九四〇〕年一月号の巻頭言に「輝やく新春」という文章が掲げられている。『雄弁』は、日本の大衆雑誌の草分けとなった野間清治（一八七八〜一九三八）が大正三〔一九一四〕年に創刊した弁論雑誌であり、この翌年に野間は講談社を設立している。野間は大正一四〔一九二五〕年に日本の雑誌で初のミリオンセラーとなる大衆雑誌『キング』を創刊している。「輝やく新春」はつぎのような巻頭言であった。

「聖戦ここに二年余半、国威彌〻揚り、興亜新秩序建設の途上に於て、輝ける皇紀二千六百年の新春を迎へることは、何といふ意義深いことであろうか。……日本民族は、肇国の当初、既に八紘一宇の皇謨を授け賜はったのである。われらの行動一切は、肇国の神勅から一歩も逸脱せず、征服にもあらず、皇道に基ける仁愛と正義の弘布である。それ故に、満州事変も、支那事変も、聖業といひ聖戦といひ得る。またこの清純な理想ある為に、東亜の新秩序は必成の可能性を持つのである。」

では「興亜新秩序」とは何であったのか。この巻頭言が掲載された前年、哲学者の三木清（一八九七〜一九四五）は『中央公論』（昭和一四〔一九三九〕年五月号）に「青年知識層に与ふ―愛国心と民族的使命に就て―」で「日本民族の使命としての東亜協同体の思想」という考え方を打ち出している。三木は「今日、日本民族の使命を現はすものとして掲げられているのは東亜協同体の思想である。この新秩序の世界史的意義については例へば次の如く云はれている」として、在上海思想対策研究会『東亜協同体の理論』（昭和一四〔一九三九〕年一月）を引用した。

「日支の提携、東洋の新秩序建設とは、日本の希望のままに東洋を支配すると言ふ事ではない。それだけでは支那に於ける日本の行動の基礎は与へられない。日本と支那と言ふ相異なるものが結びつけられるには、それが結びつく共通のものが相互に要求され、それが媒介となるのでなければ不可能である。それは何であろうか。今日日本の上にも、支那の上にも、共にそのそれぞれの発展の抑制として蔽いかぶさっているものは、資本主義先進国による現状静止的な、非発展的な国際資本主義的な世界秩序と、それの対立物としての共産主義的国際支柱である。それが今日の文化的発展を阻止し、荒廃せしめている旧き時代の二つの国際主義であり、世界秩序なのである。」

では、「日本と支那を結びつける唯一の媒介物」は何であるのか。『東亜協同体の理論』では、それは『東洋の新秩序』『東洋に帰れ』の声」であり、「民族と民族の自立の上に於ける協同こそその新しき秩序への出発である」とされた。

これを受けて、三木はこのためには「日本は聖戦の使命貫徹のために主体的に整備されねばならず、この整備は国内改革なしには不可能であろう。私は今ここでもはや東亜協同体の理論乃至我々の謂ふ協同主義の哲学を展開する余裕がない」とした。では、東亜共同体とは何か。日本の主体的な国内改革とは何か。三木は明示していない。

『雄弁』や『中央公論』に限らず、昭和一五［一九四〇］年前後の雑誌には、皇紀二六〇〇年ということもあったであろうが、「皇道」「民族」「愛国心」「八紘一宇」そして「新秩序」ということばが飛び跳ねている。たとえば、『日本評論』の昭和一五［一九四〇］年一月号で、日本評論社は「社説」をつぎのように掲げた。

「日本の世界史的使命がどこにあるかはあまりにも明らかである。われわれの任務は世界征服ではなくて、世界解放である。ロオマ的帝国主義ではなくて、アジア的王道である。二六〇〇年を前にして、また支那事変を前にして、われわれはあたかもこれを東亜の新秩序からはじめようという宣言をしつつある。

時をえたるかなといひたい。まづ東亜の開放へ、次いで東亜の解放へ、次いで全アジアの解放へ。これが今日の八紘一宇である。」

やがて、日中戦争の論理は、さらにはアジアでの戦争は聖戦——世界解放もその一例——の論理で語られることになっていった。

聖戦の論理

「聖戦」といえば、二〇〇三年のイラクと米国などとの軍事衝突が双方において宗教色の強いものとして、「聖戦」ととらえられたりしている。しかしながら、アジアでの日本の軍事行動もまた当時、「聖戦」ということばで語られるようになっていった。

聖戦とは元来、宗教的な教義を守るという聖なる目的のために主張されてきた文脈において意味をもった。それだけに、聖戦は妥協なき聖戦思想を生み出し、聖戦思想が聖戦を生み出した。そうした聖戦思想は各国史の背後にある経済的・政治的利害を覆い隠すものでもあった。

日本の満州事変もまたやがて聖戦の論理で拡大していった。この場合の「聖」戦とは、先にみた『雄弁』の巻頭言などにあった「八紘一宇の皇道」の実践の戦いということになる。では、日本の宗教者たちはアジアでの日本の戦争をどのようにみていたのだろうか。

日本を代表するキリスト教指導者であった内村鑑三（一八六一〜一九三〇）は後に日清戦争に「義」を認め、それが善戦であることを内外に説いたことを後に悔いた。

内村は日清戦争のころに「吾人はアジアの救主としてこの戦場に臨むものなり、吾人はすでに半ば朝鮮を救へり、これより満州、支那を救ひ、南のかた安南、シャムに及び、つひに印度の聖地をして欧人の覇絆より脱せしめ、以て始めて吾人の目的は達せしなり、東洋の啓導を以て自ら任ずる日本国の冀望は、葱嶺（そうれい）以東の独立振起より小なる能はず」と書き記した。

葱嶺（そうれい）とは中央アジアの中国パミール高原の中国名であり、古来、中国と欧州諸国などとを結ぶ要路であった。日清戦争の義を熱心に説いた内村鑑三の精神のなかには、当時の多くの人たちと同様に「尊皇攘夷」思想の余熱が残っていたのであるまいか。

アジア地域への欧米諸国の帝国主義的進出と植民地獲得をどのように排除するのか、それはまさに江戸末期の日本に突きつけられた課題であった。江戸末期、高崎藩士の長男として生まれ、武士として育ち、札幌農学校で世界情勢――欧米諸国の歴史や現状など――を学んだ内村は、明治維新後の日本という国家の独立保持に一生涯を通じて拘った。彼の旺盛な独立精神は、アジアを「欧人の覇絆より脱せしめ」るという彼自身のことばに見出すことができよう。

日露戦争の二年後、内村は日本最初の近代戦がいかに犠牲の大きかったかを知り、明治二九〔一八九六〕年に、「歳末、軍人が戦勝に誇る憤りて詠める」「寡婦の除夜」という小文を『福音新報』に発表した。内村の怒り――義憤――を込めた反戦・非戦の詩といってよい。

この七年後の明治三六〔一九〇三〕年、内村は『万朝報』（六月三〇日号）に「戦争廃止論」を寄稿した。日露戦争が起こる八ヵ月まえであった。内村は「余は日露非戦論者であるばかりでない、戦争絶対的廃止論者である。……世には戦争の利益を説く者がある、然り、余も一時はかかる愚をとなへた者である。しかしながら今に至ってその愚を極なりしを表白する。戦争の利益はその害毒を償ふに足りない、戦争の利益は強盗の利益である……もし世に大愚の極と称すべきものがあれば、それは剣を以て国運の進歩を計らんとすることである」と述べた上で、つぎのように主張した。

「近くはその実例を二十七・八年の日清戦争において見ることが出来る。二億の富と一万の生命を消費して日本国がこの戦争より得しものが何であるか。……その目的たりし朝鮮の独立はこれがために強められずしてかへって弱められ、支那分割の端緒は開かれ、日本国民の分担は非常に増加され、その道徳は非常に堕落し、東洋全体を危殆の地位にまで持ち来ったではないか。この大害毒大損耗を目前に見ながらなほも開戦論を主張するが如きは、正気の沙汰とはとても思はれない。」

内村は「戦争廃止論」発表の二ヵ月後に「満州問題解決の精神」を『万朝報』に寄稿した。内村は「満州は先づ第一に満州人のものであるから、我等は満州問題を解決せんとするにあたっては、先づ第一に満州人の利益を謀るべきである」と述べた上で、つぎのように主張した。

「満州はこれを団匪蜂起以前の状態に帰復せしむるのが満州人の最大利益であるか、或はこれをロシア人の手より日本人の手にゆだぬるのが、それが彼等満州人のために諮るに彼等の最大利益であるか、或は今日これをロシア人の手にゆだぬるのが、満州開発のための最良策であるか、この問題が定まった以上でなければ満州問題を決することは出来ない。かういうたならばわが国の自称愛国者はいふであろう、今日は各国生存競争の時代であるから、我等は決して他国の利益を考ふるに及ばない、我等は先づ第一にわが国の利益を考へて、然る後に我等のすべての方針を定むべきであると、……国は到底剣や政略を以て取ることの出来るものではないことは、世界歴史の充分に証明するところである。」

その後も、「愛国者」内村は『万朝報』などに日露軍事対立を避けよという平和論を発表しつづけた。明治三七〔一九〇四〕年二月、日本政府は御前会議でロシア側との交渉の打ち切りと軍事行動を決議、この二日後に国交断絶を通告。四日後にロシアに宣戦布告。翌年九月の日露講和条約によって停戦するまで一年半にわたって、戦死・廃疾者約一二万人、軍費約一五・二億円を費やす戦争が続いた。

日露戦争開戦後、日本兵だけで約七万人の死傷を伴った奉天総攻撃のころ、自ら主宰した雑誌『聖書之研究』（明治三八〔一九〇五〕年二月号）に、「預言者」内村鑑三はつぎのような文章を残している。

「日露戦争は今日まだその初期においてある、よし遠からずして露国が屈服するとしたところが、それでこの戦争はその局を結んだとは言へない、日露戦争は支那分割の第二幕であるとは、多くの歴史家のとなふるところである、故に支那の運命の定まるまではこの戦争は終わるまいとのことである。……次に来らんとする戦争は、今目前に戦はれつつある戦争よりもさらに数層倍悲惨なるものであるかも知れない、支那四百余州が安堵するまでには、幾十百万の人が生命を投げ棄てねばならぬか、如何なる変事が全世界に臨む、それらのことは神ならでは知るもの一人もない、……神の摂理を敬嘆してやまない。」

翌年、日露講和条約の締結をみて、内村は雑誌『新希望』に「常には藩閥政府に反対しながら、戦争となれば一も二もなくその命に従ひ、金も生命も投げ出しその行動を助けながら、同じ政府が不都合なる平和条約を結んだとて、烈火の如くになって怒る、……かへって政府を気の毒に思ふ者である」と述べつつ、つぎのように日露戦争を振り返った。

「私は甚だ驕慢なる申し分かは知れませんが、日本国民がこの戦争に熱狂するのを見て、わが最愛の友が放蕩遊惰に身を持ちくづしつつあるのを目撃して居るやうな感がしました。（中略）日清戦争は日露戦争を生みました。日露戦争はまたどんな戦争を生むかわかりません。……日清戦争はその名は東洋平和のためでありました。然るにこの戦争はさらに大なる日露戦争を生みました。日露戦争もまたその名は東洋平和のためでありました。しかしこれまたさらにさらに大なる東洋平和のための戦争を生むのであろうと思ひます」(『新希望』明治三八[一九〇五]年一一月号)。

「預言者」内村の予言どおり、日露戦争はさらなる東洋平和のためという聖戦の下でさらに大きな戦争を生むことになる。

脱亜と入亜

明治維新以降のいわゆる近代化は、欧米諸国に対抗するアジアの小国日本の精一杯に背伸びをして達成しようとしたものであった。この分不相応の背伸びは、その後「東亜協同体」論にどのようにつながったのだろうか。ある意味で、この分不相応の背伸びに気づいていたのは、「脱亜入欧」論の家元扱い――「脱亜入欧」というスローガンだけがいまにいたるまで一人歩きしている――された福沢諭吉であったかもしれない。

政治学者の丸山眞男は、福沢諭吉自身が『時事新報』の社説でたった一度だけ使用した「脱亜」と、一度も使わなかった「入欧」が「脱亜入欧」論となって流布した背景(=歴史的状況)そのものを理解してこそ、福沢の真意を明示化できるとした。

丸山は内山秀夫等との座談で福沢の脱亜論を取り上げている(『三田評論』一一月号、昭和五九[一九八四]年、『丸山眞男・座談』第九巻所収)。丸山は竹内好の指摘も踏まえた上で、福沢とその後の脱亜論の不連続性を強調する。

「福沢の思想は、内田良平ら日清戦争以後に活動する大陸主義者とは、現実の日本の国際的地位の飛躍的向上と中国および世界列強の具体的動向とが歴史段階において、明治一〇年代、二〇年代とは非常にちがってきているからこそ、必ずしも連続しないです。福沢は、中国と朝鮮とをちょうど二、三〇年前の天保時代ごろの日本に見立てている。朝鮮の方が『開化派』の登場は早くて、清国は日清戦争に負けてから漸く『変法自教』運動がでてくる。」

確かに、福沢はロシアの南下の中で停滞する清国（中国）を中心にアジアの危機を感じていた。では、脱亜としての近代化を描いた福沢などとは別に、「どういう代案（オルターナティブ）がありえたのか」と丸山は問い、自身でつぎのような解答を用意した。

「福沢は近代国家というものを、一方では弱肉強食のパワーポリティックス、他方では『天然の自由民権論』という二元性でとらえていて、前者を権道といい、後者を正道とする複眼を最後まですてていない。ですから、前者の面から東洋経略論を押し出すときには、日本も獣の仲間に入って獣類として行動するんだ、と言い切っています。禽獣国の一員なんだ、というんです。日清戦争のときでも、『義戦』などといって正当化する必要はない、と明言しています。後年、大東亜共栄圏の美辞麗句に日本のインテリがみんないかれちゃったけれども、それと対蹠的です。……近代日本で、ある時期以後、福沢のような考え方が切れてしまった。」

では、なぜ、福沢のようなリアリズムが日本社会から、あるいはより直接的には日本政治と日本外交で途切れてしまったのであろうか。わたしには、福沢のようなリアリズムは、むしろ石橋湛山のような独学の経済ジャーナリスト——実際には政治ジャーナリストでもあった——に継承されていったように思える。

小国主義観

石橋湛山（一八八四〜一九七三）は、大正一〇［一九二一］年の「大日本主義の幻想」（『東洋経済新報』七月三〇日号から連載）で、日本の植民地経営を取り上げた。

当時にあって、石橋の書き出しはかなり刺激的であった。石橋はいう。「朝鮮台湾樺太も捨てる覚悟をしろ、支那やシベリアに対する干渉は、もちろんやめろ。これ実に対太平洋会議策の根本なり。」石橋はこの根拠をつぎの「幻想」に求めた。

第一の幻想――「わが国はこれらの場所を、しっかり抑えておかねば、経済的に、また国防的に自立することができない。」果たしてそうであろうか。

第二の幻想――「列強はいずれも海外に広大な植民地を有しておる。……この事実の前に立って、日本に独り、海外の領土または勢力範囲を捨てよというは不公平である。」果たしてそうであろうか。

石橋は第一の点は文字通り幻想であり、第二の点は「小欲に囚えられ、大欲を遂ぐるの途を知らざるもの」とみた。なぜ、日本にとって海外「植民地」がもたらす「利益」が幻想であるのか。石橋は具体的な数字を挙げて遅れてやってきた日本の帝国主義の経済的帰結を分析した。

まず、石橋は分不相応の帝国主義国家としての日本について、「（これらの地域を抑え干渉することは―引用者注）はたして爾（し）かくわが国に利益であるか。利益の意味は、経済上と軍事上の二つに分かれる」と問題を提起した。

石橋は、朝鮮、台湾、樺太への日本からの貿易額は大正九［一九二〇］年で「わずか九億円余」であり、米国向け（約一四・四億円）、インド向け（約五・九億円）、英国向け（三・三億円）と比べて決して際立ったものではなく、金額が少なくても個別産品で重要なものもあるが、概して「貿易上の数字で見るかぎり、米国は、朝鮮台湾関東州を合わせたよりも、われわれに対して、一層大なる経済的利害を有し、……もし経済的自立ということをいうならば、米国こそ、インドこそ、英国こそ、わが経済的自立に欠くべからざる国」であると、具体的な数字を挙げ主張した。

たとえば、当時のわが国繊維産業にとって重要な原材料であった綿花はインドと米国から輸入されていた。農作物では、米は仏領インドやタイから輸入されていた。石橋は続ける。

「このくらい（米など―引用者注）の物のために、なぜわが国民は、朝鮮台湾関東州に執着するのであろう。吾輩をして極論せしむるならば、わが国がこれらの地を領有とした結果、最も明白に受けた経済的影響は、ただ砂糖が高くなったことだけである。……支那およびシベリアに対する干渉政策が経済上から見て、非常な不利益をわれに与えておることは、疑いの余地がない。支那国民および露国民の、わが国に対する反感、これはこれらの土地に対するわが経済的発展を妨ぐる大障害である。」

さて、中国である。石橋は、中国と日本との貿易関係について、「種々の干渉をした結果、全体としてわが支那に対する貿易は、どれほどの発展を遂げたかといえば、過去十年間において、その増加は、同年間における米国に対するわが貿易の約三分の一にしか当らない。……支那に対する干渉政策なるものが、いかに経済上無力であったか……世人はしばしば支那の鉄、支那の石炭と、大騒ぎするが、……朝鮮、台湾、樺太を領有し、関東州を租借し、支那、シベリアに干渉することが、わが経済的自立に欠くべからざる要件だなどという説が、まったく取るに足らざる」と述べた上で、中国重視論をつぎのように幻想論であるときっぱりと切り捨てた。

「わが国に対する、これらの土地の経済的関係は、量において、質において、むしろ米国や、英国のわが国に対する経済関係以下である。これらの土地を抑えておくために、えらい利益を得ておるごとく考うるは、事実を明白に見ぬために起こった幻想にすぎない。」

それでは、軍事的利益——安全保障上——があるのか。すなわち、二番目の幻想論であるが、石橋は「他国を侵略する目的でないとすれば、他国から侵略せらるる虞のないかぎり、わが国は軍備を整える必要のないはずだが、一体何国からわが国は侵略せらるる虞があるのかということである」と問題を提示する。日本を侵略する可能性のある国は果たして米国なのか。石橋は「戦争勃発の危険の最も多いのは、むしろ支那またはシベリアある。……さればもしわが国にして支那またはシベリアをわが縄張りとしようとする野心を棄つるならば、満州、台湾、朝鮮、樺太等も入用でないという態度に出づるならば、戦争は絶対に起らない」とまで断言する。

問題は軍備そして軍事行動なるものの「原因」と「結果」の取り違えであり、「世人は……台湾、支那、朝鮮、シベリア、樺太は、わが国防の垣であると。その垣こそ最も危険な燃草である……いかなる国といえども、支那人から支那を、露国人からシベリアを、奪うことは、断じてできない。もし朝鮮、台湾を日本が棄つるとすれば、日本に代って、これらの国を、朝鮮人から、もしくは台湾人から奪いうる国は、決してない。……日本に武力あり、極東をわが物顔に振舞い、支那に対して野心を包蔵するらしく見ゆるので、列強も負けてはいられずと、しきりに支那ないし極東を窺うのである」と、石橋は指摘した。

こうした幻想に満ちた大日本主義は、結果として日本の人口問題の解決策——捌け口——として、隣国の台湾や朝鮮などに日本の農民、商人、企業家そして、大陸浪人といわれる人たちを移民などとして押し出した。石橋はこの点についてつぎのようにとらえた。

「海外へ、単に人間を多数送り、それで日本の経済問題、人口問題を解決しようなどということは、間違いである。……いずれの国へ行こうとも、労働者が受くる所得なるものは知れたものである。大きな儲けを、母国のためにするなどということは、とてもできぬ。大体において、行っておる者が辛うじて食ってゆくというだけのことである。……悪くいうなら、資本と技術と企業脳力《ママ》とを持っていって、先方の労働を搾取する。もし海外領土を有することに、大なる経済的利益があるとするなら、その利益のゆえんは、ただここにある。」

石橋からすれば、日本にとって経済的に重要なことは、軍備拡張でもって他国を侵略し、その領土に移民を送り込むことではなく、貿易関係の拡大による相互的な利益がもたらす波及効果であるとした。たとえば、領有した台湾、朝鮮や関東州などとの貿易は「あれだけの大努力をして、いずれもの貿易がインドとの貿易だけにさえ進まぬとすれば、前途の予想もたいがいつきそうなもの」なのであり、そのような現状では、そもそも大日本主義とは「無価値論」ということになるではないか。石橋を現状をこのようにみた。

たとえ仮に大日本主義=国土膨張論がそれなりの価値をもったとしても、それは時代遅れであると、石橋は主張する。

「大日本主義が、われに有利の政策なりとするも、それは今後久しきにわたって、到底遂行しがたき事情の下にあるものなること、これである。昔、英国等が、しきりに海外に領土を拡張した頃は、その被侵略地の住民に、まだ国民的独立心が覚めていなかった。だから比較容易に、それらの土地を勝手にすることができたが、これからは、なかなかそうはいかぬ。世界の交通及び通信機関が発達するとともに、いかなる僻遠の地へも文明の空気は侵入し、その住民に主張すべき権利を教ゆる。……アイルランドはすでにその時期に達した。インドが、いつまで、英国に対して今日の状況を続くるかは疑問である。どうして、独りわが国が、朝鮮および台湾を、今日のままに永遠に保持し、また支那や露国に対して、その自主権を妨ぐるがごときをなしえよう。」

要するに、「大日本主義は、いかに利益があるにしても、永く維持しえぬ」主義（考え方）であって、石橋は「どうせ棄てねばならぬ運命にあるものならば、早くこれを棄てるが賢明である」と言い放った。

「賢明なる策はただ、なんらかの形で速やかに朝鮮台湾を解放し、支那露国に対して平和主義を取るにある。しかして彼らの道徳的後援を得るにある。かくて初めて、わが国の経済は東洋の原材料と市場を十二分に利用しうべく、かくて初めてわが国の国防は泰山の安を得るであろう。大日本主義に価値ありとするも、すなわちまた、結論はこれに落つるのである。」

石橋のリアリズムの真骨頂ともいえる指摘である。そして、「残るは（武力ではなく―引用者注）ただ道徳の力である。しかしてその道徳の力はわが国まずわが四隣に対して解放政策を取ることによってのみ得らる」とした。

この主張は、日蓮宗の僧侶の家に生まれ、早稲田大学で宗教哲学を専攻したエコノミスト石橋湛山のモラリストの面が強く出たものでもあった。また、海外移民政策についても、一人の労働者を送るよりも、その労働者が国内で生産する商品を海外に輸出するほうが、日本の経済発展により望ましいとした。

そのためには、日本で資本を「豊富」にすることが前提であることを石橋は強く主張した。そして、石橋は彼の大日本主義幻想論をつぎのように終えている。それはモラリスト石橋湛山のエコノミストとしての政策提言でもあったのだ。

「その資本を豊富にするの道は、ただ平和主義により、国民の全力を学問技術の研究と産業の進歩とに注ぐにある。兵営の代りに学校を建て、軍艦の代りに工場を設くるにある。……わが国が大日本主義を棄つることは、なんらの不利をわが国に醸さない。否ただに不利を醸さないのみならず、かえって大なる利益を、われに与うるものなるを断言する。朝鮮、台湾、樺太、満州というごとき、わずかばかりの土地を棄つることにより広大なる支那の全土をわが友とし、進んで東洋の全体、否、世界の小弱国全体をわが道徳的支持者とすることは、いかばかりの利益であるか計りしれない。」

石橋の分析と主張は、第二次大戦敗戦後の日本の高度経済成長路線を先取りしていたといえなくもない。ただし、それは米国など連合軍による日本の武装解除とその後の軽軍備、大米国主義と大ソ連主義が生み出した米国と旧ソ連との冷戦構造に支えられたものであったことは、ある種の歴史的皮肉であった。

当時、泥沼に入りつつあった日本の経済力が現実にその軍事力を支えるだけの実力があったのかどうか。結論からいえば、無かったのである。それゆえに、日本経済の実力からしても小国主義でなければならなかった。とりわけ、昭和一一［一九三六］年の二・二六事件以降、日本経済は急速に悪化しつつあったのである。

必然、日中戦争の継続をめぐる経済政策のかじ取りが国内政治の大きな政治課題となっていた。金融恐慌、昭和恐慌と続く日本経済の危機の処理——とりわけ、財政政策——に当たっていた高橋是清（一八五四〜一九三六）が二・二六事件で倒れた後、近衛内閣の下で大蔵大臣となった、三井出身で米国ハーバード大学でも学んだ「英米通」の池田成彬（一八六七〜一九五〇）が日本政府にあって経済政策に大きな役割を果たしていくことになる。

政治学者の松浦正孝は『日中戦争期における経済と政治―近衛文麿と池田成彬―』で「池田路線」をめぐる当時の状況を的確につぎのようにとらえている。

「二・二六事件後の急進的な政策の採用によって悪化していた日本の経済状態は、日中戦争の拡大とともに窮地に陥った。中国側の巧みな宣伝により、海外では、日本経済が戦争遂行に耐えられないのではないか、とする見方が広がっていた。このことに対する深刻な危機意識が、『池田路線』の根底にあった。戦争によって日本経済が危機に陥っていて、これを立て直すことが急務であるのみならず、戦争継続のためにも、戦時経済の強化が必要だという認識があったのである。……『池田路線』は、日本経済の強度の対外指標と見なされ得る対外為替相場の維持と公債消化率の向上とを重視して、対外信用の回復を図った。」

必然、そうした状況の下で日本の経済政策は輸出の振興、生産力の拡大、そしてこの下での軍備拡張が図られることになる。石橋湛山がかつて日本の帝国主義的膨張を雑貨屋の帝国主義と揶揄したように、軍備拡張には日本経済の重工業化が前提であり、そのために欧米諸国から資本財の輸入が必要であり、さらにそのためには繊維や雑貨品など日本の得意とした軽工業製品の輸出振興が不可欠であったのである。

こうした課題をマクロ経済政策的にとらえれば、輸出伸長のための物価安定、日本の輸出入に有利な為替の設定と外貨の蓄積、そして、外貨準備の負担の軽減につながる「円ブロック」経済圏の統制がその課題として浮上していたのである。

お世辞にも経済通であったとはいえない近衛首相に代わって、池田が担ったのは、このような経済政策の実行者としての役割であった。軍部や軍部支持派の政治家たちが池田路線を正確に理解し好意的であったかどうかは別として、彼らは池田を英米協調派とみていたことだけは確かである。

池田の経済政策は昭和一五［一九四〇］年の三国同盟、翌年の真珠湾攻撃による日米戦争突入によって破たんせざるを得なくなっていく。米国などとの貿易が不可能となり、一方で中国などでの戦争拡大で円ブロック圏の拡大が不可避となることで、池田路線は変容を迫られるのである。松浦はこの点についてつぎのようにふれている。

「これ（円ブロック圏への輸出―引用者注）を制限すれば、占領地の物資不足を激化し物価を急騰させ、円系通貨の価値下落を招き、中国占領地における日本側の傀儡政権を苦しめることとなる。……円ブロック向け輸出が伸びることは、限られた資源を使って生産された製品を、外貨獲得が可能な第三国向け輸出に振り向けることができないことを意味する。」

円ブロック圏＝占領地への無制限な輸出は、日本国内の物資の需給ギャップを拡大させ、国内物価を引き上げ、戦争物資の輸入を困難にさせることは必至であった。池田には外貨獲得と国内物価安定のためには円ブロック圏への輸出を制限する選択肢であったが、経済界――とりわけ中小商工業者――からすれば第三国向け輸出は十分に利益を確保できる選択肢でもあった。池田はマクロとミクロのそうした乖離に苦しんだ。

現実には、池田路線は近衛内閣の崩壊とともに破綻することになる。その背景には、経済政策に関わる対立というよりも、日本の戦争拡大という事実容認をめぐる内政と外交のせめぎ合いのなかで、中国の反日そして抗日運動の厳しさとそれをめぐる国際情勢の変化に日本社会が鈍感になっていったことがあった。当時の軍備拡張の帰結を知る現在のわたしたちが気づくことは、池田路線の当初の一時的な成果が日本の軍備拡張を許したことの皮肉ではないだろうか。

逆説的ではあるが、池田路線が早々と頓挫し、日本経済の低迷が長期にわたり続いていたとすれば、そもそも軍備拡張に走るだけの経済力を日本がもてないことで、軍備拡張に実質上の歯止め——むろん、経済的苦境が大きな社会的緊張をもたらしたことは間違いないが——がかかったかもしれない。

この逆説性について、松浦は『池田路線』が成功すればするほどに、それによって『池田路線』のための環境が逆に悪化していく、ということがあった。『池田路線』が一応戦時経済の危機を乗り切ったことによって、日中戦争は継続・拡大されて行くことが可能となり、結果としての拡大や戦争費用の増大は『池田路線』を苦しめることになった」と指摘する。わたしも強くそう思う。

日本に限らず、欧米諸国においても近代化はまたつねに経済と政治という二面性をともなっていた。第二章で詳述するように、近代化は工業化という経済面での大きな変化によってもたらされ、それまでの伝統社会のあり方に大きな変化とひずみを与え、その調整を迫り、政治のあり方を変える大きなモーメントとなった。近代化とはそうした経済と政治との調整をもたらし、新たな社会構成原理の定着を必要とした。

近代化のこうした調整過程は——農村と都市のみならず、新旧社会階層の利害対立とその調整過程も当然ながら含み——国や地域により必ずしも同一の時間ではありえない。日本の場合、近代化が、もっぱら上からの近代化としてはかられたことで、その時間が節約できた。

そうした上からの近代化は、模倣性が高いものであり、もっぱら制度面での近代化となった。それは本来ならば、時間がかかるべき下からの近代化によって支えられるはずのものであった。必然、そこにはひずみが生じることとなる。すなわち、近代化の成果である経済構造の変革は、その成果において小国主義であるべきだったが、近代化の性急な成果を求めた大国主義に翻弄されてきた。

日本の本来の近代化＝小国主義が大きく大国主義的錯覚に陥っていくのは、大正期、第一次大戦後のベルサイユ体制の下で、漁夫の利ともいうべき結果として一等国となったことに起因した。日本の大国主義的感覚は、現実の小国主義的近代化の内実によって是正されることはなく、昭和に入りさらに膨張することになった。この先に池田路線もあったのである。

そして、戦後日本の経済成長は、ある意味で池田路線の復帰であったともいえるし、また、それが同じ池田姓の池田隼人によって担われたことも、歴史上のある種の因縁を感じさせられる。他方、それは石橋湛山等が主張した日本小国主義――敗戦による反戦思想の浸透と、平和憲法により軍備拡張に制約が課されたことの帰結として――の堅実な路線の延長線上にあったともいえる。

第一章　独立と自立

近代化への意識

近代化とは、それをどのように意識するかによって人びとに内面化され、そして社会化されていく過程そのものである。岩波『哲学思想事典』によれば、近代化とは、「西洋」においては「人間・社会・文化が〈近代〉の原理に従って作り直される過程」と定義され、それが「内発的な」過程の場合、「自分たちの歴史的経験のうちから定義を引き出す必要がある」とされる。

このように近代化をとらえれば、具体的には、近代＝「新」とすれば、近代でないもの＝「旧」との対比でその内実が示される必要があることになる。では、「旧」から「新」へ変わっていく中で、どのような「こと」や「もの」が変容していくというのか。「こと」ということであれば、それは従来の思考（＝伝統性）であり、「もの」ということであれば生産力のあり方とその下での生産関係である。

後者にこだわれば、近代化は産業革命によって引き起こされた工業化にほぼ等値されて理解されることになる。だが、前者にこだわれば、工業化とは近代化の一部でしかないことになる。

前掲岩波事典によれば、近代化概念はつぎの五つの要素から構成されている。

(一)人間観の近代化――ルネッサンス期に再発見されたヒューマニズムが「一九世紀前半のロマン主義的思潮のなかで一層極端化され、世界から切り離された自我の内面の表出にこそ人間の本質を求める人間把握を産み落とした。」

(二)政治の近代化――「国家権力を自由で平等な市民に基礎づけ構成し直すことを目ざす〈民主化〉の過程、〈古代〉に由来するデモクラシーは、〈市民革命〉のなかで近代の政治原理として理念化されたが、一八世紀末から顕著になったナショナリズムの潮流と結びつき、国民国家を構成する要素」となったこと。

(三)経済の近代化――「市場経済の故郷である都市ばかりでなく農村を含めてすべての社会関係を商品の交換関係へ一元化してゆく資本主義」の登場。

(四)社会の近代化――「農村から都市への大規模な人口移動に伴い都市的生活様式が一般化する〈都市化〉の過程、……かつてのポリスは文明の中心であったが巨大都市はナチズムに見られるように『大いなる野蛮』の場所」となった。

(五)文化の近代化――「実証可能な〈科学〉知識を至高視する〈科学主義〉の傾向……科学革命は、理性重視の伝統の成果であると同時に、知識の探求を世界制御の一環として捉える新しい知の形態の幕開けでもあった。……知を愛する〈哲学〉よりは〈道具〉に近いものと受け取られ〈科学技術〉あるいはテクノロジーという表現が頻繁に用いられる」ようになった。

要するに、近代化は、こうした人間の精神の内外にわたる広範な変化の方向性においてとらえられてきたのである。この場合、内外という視点が重要となる。つまり、西洋諸国の場合、近代化とは内からの方向性が前提となっているが、アジア諸国の場合、外から——いわゆる「ウェスタン・インパクト」というかたちで——、早期に近代化が創始された西洋諸国の影響によって近代化を迫られたのである。当然そこには、内発的なものと外発的なものとのぶつかり合いのなかで、さらなる近代化なるものが創始されるのである。

前掲岩波事典も、この点を意識し、日本の近代化を「明治期における、文明開化をめぐる欧化主義と国粋主義の対立、和魂洋才、アジア主義などの対応はこうした問題の初期の表れである。……その後の日本の近代化は、大日本帝国によるアジアへの権益拡大や階級分化をともなって進行したことから、社会主義者らによる近代文明批判が次第に台頭する。こうして、日本の近代の正負の諸側面をいかにとらえるかが大きな課題」となったことを指摘する。

経済学者や政治学者、そして文学者なども参加して、日本の近代化論争は生み出されていった。そこには、日本にとってもアジア諸国にとっても、西洋的な近代化モデルとは異なる、より自然な内発的なもう一つの近代化のあり方があったのではないかという課題があった。つまり、「もう一つの近代化論」である。

アジア経済の停滞がそうした「もう一つの近代化論」の底流をかたちづくっていたのであるが、その後、急速な工業化を成し遂げたアジア経済の勃興によって、近代化そのものへの関心はむしろ低下した。たしかに、従来の近代化論がもたらしてきた内と外という視点は、「グローバル化」や「ネットワーキング」ということばの氾濫によって、あいまいなものとなってきた。

だが、アジアの近代化は、それをもたらした欧米諸国や日本からの活発な資本投資による外発的なインパクトを無視して語り得るだろうか。問題はここでも内外をめぐる近代化という方向性なのである。

反面、こうした方向性と「もう一つの近代化論」を不問にして、現在のみを近代化の現実的帰結としてとらえ、外からのインパクトが掘り起こした内なるもの、あるいは外からのインパクトに抗した内なるものが本来の近代ではないかと肯定的にとらえる見方もあるのである。そうした論者の一人に中国文学者の竹内好（一九一〇～七七）がいた。竹内は日本の近代化とは異なるもう一つの近代化のあるべき姿を中国に求めようとした。竹内の近代化論をみておこう。

近代化の分岐点

竹内好は中国人の「智慧」についてつぎのような文章を残している（「若い友への手紙」、『群像』昭和二七〔一九五二〕年二月号）。

「私はよく思うのですが、このような智慧とでもいうべきものを、中国人は、個人としても民族としても、非常によく、日本人とくらべものにならぬくらい深く、身につけているようです。中国人にかかると、あれも一時、これも一時です。……かれらは、絶対不変のものを、信じておりません。（中略）私は、日本人の智慧が、中国人よりははるかに劣ることを承認しないわけにはいきません。」

竹内のこうした意識の背後には、朝鮮戦争後の日本の「独立」と「自立」の方向性への憂いがあった。日本の敗戦は一体、日本人に何をもたらしたのか。軍隊はなくなったが、天皇制と深く結びついた官僚制は安泰であった。

竹内は、どのような文脈のなかで中国人は絶対不変のものを信じていないというのであろうか。日本人は絶対不変のものを信じているのだろうか。竹内を続ける。

「私たち日本人は、中国人とくらべますと、はるかに若いようです。もっと生活の智慧を身につける必要があります。今の日本ですと、絶対不変に見えるものに、官僚の権力支配があります。つまり天皇制です。敗戦だって、その地位をおびやかすことがなかった。軍隊はなくなったが、官僚は安泰である。（中略）天皇は道徳の中心ではない。これは、民衆の智慧が、すでに知っていることです。では、道徳の中心がどこにあるか。民衆はひたすらそれを求めているのです。……モラルの喪失状態の自覚は、苦しい。人間の弱い心は、つい規範を外に求めたがります。」

明治維新以降の日本の「近代化」が、ある意味で近代化しなかった中国を意識し、近代化できなかったとされた中国と対峙することでしかその方向性が確認されなかったとすれば、日清戦争から日中戦争へとつながる途のなかで、わたしたちの近代化をめぐる智慧は何であったのか。竹内の問いはきわめて根本的なものであった。

竹内は『群像』へのこの投稿の三年ほど前にも、『展望』（昭和二四［一九四九］年九月号）に「伝統と革命——日本人の中国観——」というやや長い論稿を発表している。この論稿では、前年に日本を訪れた国民政府の前行政院長であった張群が「視察をおえて帰国する前に『日本の皆さんへ』というメッセージを残している。……彼は個人として日本国民に呼びかけている。だから私は、日本国民の一人として、それに答えたいと思う。それは私の義務だ」と竹内自身が感じたことを前置きした上で、敗戦後の日本人の「中国観」についてふれている。

張群（一八八九～一九九〇）は四川省出身で日本の陸軍士官学校を卒業し、戦前には上海市長などを勤め、訪日当時は国民政府の幹部の一人であった。

竹内は「今日の中国の民衆が、日本の民主化に不信の目を向けていることは、張群の端的な発言によっても窺えるとおり、否定しがたいことであり、その不信は日本人全体に関するものであった、日本共産党だけを除外していない」と延べ、持論を展開した。

ここでの論旨は竹内が前年に発表した、魯迅（一八八一～一九三六）を通じて論じた「中国の近代と日本の近代」の中核部分を引き継いでいる。竹内はいう。

「日本の社会には、そのような（既成政党と日本共産党との―引用者注）思想的対立をうむべき地盤がない。ということは、思想がないということであって、思想は観念の借り着として通用しているだけだ。日本では、既成の観念を外から借りてくるだけで、自分で思想をうむための地盤を作ろうとする運動は起こらなかった。これが日本の近代史と中国の近代史をくらべてみた場合、いちじるしく感じられる差である。」

必然、「日本人の対中国認識は、戦前と戦後とでは変っていない。これは、日本人の思想なり心理なりが全体として戦前と戦後とで変っていないことのあらわれである」とまで竹内は言い切っている。竹内はさらに続ける。

「共産主義者を含めた日本の学者達は、近藤鶴代の出てくる地盤にのっかって中国を見ている。つまり、かれらの中国観は、戦前も戦後も根本的な変化がない。その地盤とは何か。一口にいえば、日本人の中国に対する侮蔑感である。あらゆる中国感の根底に、意識するとせぬとにかかわらず、それがある。張群の直言の根底をなしている中国人の日本に対する恐怖、あるいは嫌悪の感情は、この侮蔑感を直感的に見抜いているともいえる。」

近藤鶴代（一九〇一～七七）は、張群の訪日のあとに第三次吉田内閣の下で外務政務次官となったが、就任後の新聞記者への談話で、日本と中国との文化交流に言及し、戦前のような外務省所管の「対支文化事業部」のような組織を復活するのも一案だといった発言をし、それを竹内は問題視したのだ。

近藤は岡山県出身で、政治家であった兄が公職追放となったことで代わりに学校教師から衆議院選挙に出馬し、戦後初の女性国会議員の一人となった。また、再選後には科学技術庁長官も勤めた。竹内は、近藤の「対支文化事業部」のような組織への言及についてつぎのようにふれている。

「文化の名において日本の侵略の手先をつとめた対支文化事業部と、そのスローガンである『日支親善』を、中国人がどんなに骨に徹して憎んだかということを、近藤という婦人が偶然知らなかったことは、不幸にちがいないが、そのために国民感情の無邪気な代弁者である一人の女だけをせめるわけにはいかぬ。それは反動政治家だからそうなるのだ、と急進主義者はいうだろうが、私はそう思わない。対支文化事業部を中国人が憎み、その憎む感情が日本人には伝わらなかったという、国民感情の基盤における歴史的な食いちがいは、そのまま今日につづいており、今日でもその食いちがいが自覚されておらず、したがって、それを除く努力は相対的にいってどの方向からもまだはじまっていないのである。」

竹内のこうした指摘からやがて六〇年の時間が過ぎようとしている。だが、竹内のいう日本人の中国観はいつから形成されたのであろうか。竹内は「この侮蔑感は、むろん、歴史的に形成されたものだ。具体的には、日清戦争後の産物である。そしてそれは、日清戦争前の畏怖感を裏返しにしたものである。だから、この両者は、あらゆる場所で、一方から他方へ容易に移るし、また混在する」とみている。

「日本人の中国観」の最後で、竹内はその特徴を日本のマルクス主義者の「近代化論」に引きつけ、「中国の近代化は、日本にくらべると、異質なものとしてあらわれてきている。おなじ後進国でも、日本と中国では、近代化の型がちがう。この型のちがいは、歴史を図式に還元する公式主義者の目には見えない。……日本でマルクス主義、一般には外来思想が、そのような俗流化された形で受け入れたということ自体が、中国との対比において、近代化の質のちがい、ひいては社会構造の差へまで展開する問題を含んでいるのではなかろうか」と述べている。

つまり、同じ後進国型の近代化とはいえ、日本と中国の差は俗流化されたかたち＝経済発展という量的な面だけで論じるべきものではなく、むしろ「質的な差」があることこそ認識すべきではないか、と竹内はいう。先に掲げた近代化の五つの概念の範疇でいえば、経済の近代化を除く、人間観、政治、社会そして文化においてどのような近代化が起ったのかということへの問いである。

この点で、竹内は政治学者の丸山眞男の近代化論――つまり、近代化に抵抗する上での日本文化そのものの弱さ――を評価しつつも、丸山の見方に対して「私の誤解かもしれないが、どうも私には、丸山のような学者さえ、日本人の伝統的な中国侮蔑感が意識下にあって正しい理解を妨げているような気がする」と指摘して、米国人教育社会学者のジョン・デューイ（一八五九〜一九五二）の中国観との対比を試みようとした。デューイ自身は一九一九年から二年間ほど中国に滞在し、当時のいわゆる五・四運動(*)を身近に感じたにちがいない。竹内はデューイの日中比較論をつぎのように整理する。

＊五・四運動――第一次世界大戦をめぐる一九一九年のパリ講和会議で、中国は大隈内閣が袁世凱につきつけた二一カ条要求の取消しを求めたが、認められず、このことが発端となって北京大学などの学生を中心に五月四日に抗議運動が展開し、

それが各地に波及した。

①「日本は、伝統の圧力が少なかったために、容易にヨーロッパの技術を取り入れることに成功したが、そのため逆に、根底に古いものが温存された。」他方、中国は「伝統の抵抗が激しいために、近代化の時期におくれたが、そのためかえって、変革が徹底化されて、国民の革新という本源的な基盤に立つことができた。」

② 丸山と同じようにデューイも「華夷思想」という概念を使うが、「デューイの場合、中国の近代化の時間的立ち遅れが、同時に質的優位を作用したことを認める点が、異なっている。かれは、一九一九年にすでに『中国は、そのすべての後退性と、混乱と、弱体とにもかかわらず、西洋の近代思想に滲透されている点では日本よりはるかに上にある』ことを承認した。そして、一方、日本の近代化の脆さを指摘し、ほとんど三十年後の今日の崩壊を予見するような鋭い洞察を行っている。……日本人のような偏見に煩わされずに中国を見ていた証拠である。」

要するに、竹内が評価したのは、デューイの「固有の文化をもつものと、そうでないものの差」への注目なのであった。竹内はつぎのようにその差をとらえるのである。

「中国の文明は、作り出したものであって、日本のように、他から借りることが習癖化されていない。したがって、制度にしろ思想にしろ、ヨーロッパ文明が生み出した結果だけを借りてくることができない。改革は内部からの自己改造に徹底する以外に実現されない。日本の近代に見られるような、内的生活と外的生活の二重性、矛盾性——それは永続的なものではないが、ともかく形式だけは近代化の速度をはやめた——は、中国には許されない、というのだ。」

竹内は改めて問う。日本文化の本質とはいったい何であるのか。それが何でも借りてくるだけの「ドレイ文化」であるとすると、竹内は「これまでに蓄積してきたドレイ文化を保存する方向へは、私は動きたくない。中国に対する日本人の侮蔑感を除くためには、日本文化が中国文化から独立することが条件であり、しかもこの条件は相関的である。悪循環を断ち切る契機は、悪循環そのものの内部から発見されなければならない」と主張する。

竹内は米国人デューイが見た中国の近代化の姿を通して、なぜ、日本人が近代化の本質を見落としたのかといった点に、日本社会の真の問題点の原点をとらえようとした。

竹内は丸山眞男のような優れた政治学者ですら、日本人の伝統的な中国侮蔑感から自由ではないといったのだが、丸山が指摘する米国と中国の共通点を探ろうとした視点そのものは、竹内のそうした問いかけに応えるものになっている。

たとえば、丸山眞男は「非西欧世界の近代化」というテーマで、もっぱら中国と日本を取り上げ、作家の開高健（一九三〇〜八九）と座談を行っている（『朝日ジャーナル』昭和三六［一九六一］年六月一一日号、『丸山眞男・座談四』所収）。

当時、中国や東欧諸国など社会主義圏を旅行して戻った開高は、「中国革命」について「中国が大運動を起こすと、きっとその背後には何か伝統的なものがあって、それと結びつくんです。人民公社運動も例外ではないでしょう」と指摘した。丸山は開高のこの発言を受けて日本との比較で応えている。

「封建的な主君と家来との道徳だが、これがデッチ奉公というふうに商家の中の主人とデッチとの関係にまで拡大されてくる。ズルズルと下降してくるんです。この要素があったから日本は明治以降たやすく統一国家ができた。中国は王朝は滅びるけれども、それと無関係といっては大げさだが、それ自身自治的に存在している社会があって、それが個人を保護していたんです。個人というものの自主性が社会の中にあるから、中央集権力がいかに整然たる制度を作っても末端の個人をとらえられないという要素があった。」

そして、開高は日本人がこうした中国を理解するのが困難であり——序章で紹介した勝海舟も当時にあって同じように嘆いたが——、むしろ米国人が中国を理解できるのはなぜなのかを丸山に問いかけている。開高や勝の図式では、中国においては「社会→国家」という方向性が、日本のような「国家→社会」という方向性よりも大きな意味を歴史においてもってきたのである。

日本人が、とりわけ一九三〇年代の中国の方向性を見誤ったのは、中国が現実的には「社会→国家」という動きをもつにもかかわらず、日本の「国家→社会」という見方で現実の中国を見ようとしたためなのか。丸山自身は、米国に「社会→社会」という図式をあてはめ、米中比較論をつぎのように展開してみせている。

「三〇年代の知識人がナチュラルに中国の運動に共感できたか。中国の場合には全然浮いちゃった壮麗な国家があって、その下に社会があった。いわばその国家をすっとばしてできたのがアメリカなんです。これは社会があって国家がなかった。タウンシップから発達したんで、国家と中央集権的なものや官僚制的なものは全部後からの産物、ほとんど二〇世紀になってからで、とくに三〇年代の不況を克服するために連邦政府の権力が強化されたので、その歴史は非常に新しい。その意味では中国のように、下から、また地方を拠点とした運動に共感できる点があったんじゃないか。」

では、こうした中国に、日本の明治維新後の近代化はどのようにうつり、どのような意味を持ったのか。

開高は、「明治の革命については、これを中国は高く評価するわけです。阿片戦争の運命をたどらないで独立した、というのです。問題は権力をにぎってからどうなった、ということなんでしょうが、……」と述べた上で、非西欧世界の日本での「近代化」の意味を丸山に問いかけている。丸山は応える。

「近代化というのは、西欧化と結びついていたように、アジア人にはほんらいできない、と思われていた。組織を作るとか、時間の感覚、計画性、合理主義、東洋人はほんらいそういうものに向かないのだ、ノンビリしていて、なまけもので、そういった通念だったわけでしょう。それをヨーロッパ型の近代国家を自力で作るという、非常に大きな実験をはじめて日本がやった。その創業者の努力、苦心、これは大変なものだったと思う。……日本にとっては、敗戦というものは第二の実験をやる絶好のチャンスだったと思う。」

しかしながら、当時の安保運動(*)のなかで、日本の選択はこの敗戦という絶好のチャンスを生かさない方向へ向かっているというのが両者の共通認識であった。

＊安保運動（安保闘争）——日米安全保障条約（安保）改定に対して昭和三四［一九五九］～昭和三五［一九六〇］年に展開された反対運動の総称。とくに昭和三五［一九六〇］年五月～六月には連日数万人が参加するような抗議運動が高揚し、国会を包囲し、条約改定を実力により阻止しようとしたが、安保条約は改定された。

丸山は、「自力」ではなく米軍の占領というかたちでしか「ファシズムを倒せなかった」日本は、「なんといっても、ごまかしてもダメで、その問題はいつも考えていなければいけない」にもかかわらず、「日本の歴史では、大陸と一定の距離があって、優秀な外国文明は、いつもタラタラと上から降ってくるわけです。おぼれるほどドッとこない。もっとも維新とか今度の敗戦のときはおぼれかけるほどどきたが、大体においてタラタラと天井から降ってきたから、支配層がその中でよいもの、悪いものを選択的に摂取する。近代化の様式でもそうです。天皇制を作るのに都合の悪いものは危険思想といった調子に、選択的な摂取が可能なのです。仏教の場合もそうだ。その状況が続いてきた。が、この基本的な状況は遠からず変わるだろうと思う。……(世界の中の日本という歴史は―引用者注) 明治維新のときにちょっとはじまったが、イデオロギー的に鎖国してしまった。だから世界に対する日本というところまでいったが、本当に世界の中における日本という歴史はこれからはじまる、といっていいのだと思う」と述べている。

このときからすでに四〇年以上が過ぎた。丸山のいうように、タラタラと天井から降ってきたもので、日本の「近代化」にとって役立ちそうなものを状況対応的に選択したことで、近代化を短縮できたとしたら、他方において近代化によって失ったものもあるはずである。問題は、近代化に真っ向から抗する日本のイデオロギーはなかったのかどうかである。

近代化が、開国によって鎖国の眠りを覚ますことで日本にもたらされた一方で、開国したはずの日本が「イデオロギー的に鎖国してしまった」とすれば、そのイデオロギーとは何であったのか。つまり、近代化に関わる日本イデオロギーとは一体何であったのだろうか。

哲学者の戸坂潤(一九〇〇~四六)は、昭和一〇〔一九三五〕年に『日本イデオロギー論』を発表し、このなかの、「ニッポン・イデオロギー―日本精神主義・農本主義・日本アジア主義―」で、日本イデオロギーのかたちを論じた。

戸坂は日本イデオロギーを「日本主義・東洋主義乃至アジア主義・其他々々と呼ばれる取り止めのない一つの感情のようなものが、現在の日本の生活を支配しているように見える。そしてこの感情によって裏づけられている社会構造は至る処吾々の眼に余っている。而もそうした種類の社会行動は何か極めて意味の重大なものであるかのように、巨細となくこの世の中では報道されている」と位置づけた。

イデオロギーということばそのものはさほど古いものではない。この用語は、一九世紀初めから欧州で使われ始め、歴史的あるいは社会的にその時代の制約をうけた考え方として定着し、政治的な対立関係において虚偽的で空疎な概念として、あるいは単なる政治や社会への意識として用いられるようになった経緯がある。

まず、戸坂は「日本イデオロギー」なるものを、こうした「意識」というよりも、むしろ「感情」によって左右されたものとしてとらえたのである。戸坂はいう。

「元来、感情や感情に基づく社会行動は、要するに感情の資格と機能との外へ出ないので、そうした感情や行動がどれ程漲溢している事実があろうと、その理性的価値が豊富だということには決してならないので、従って、この事実が論理的な意義から云えば、その重大さが至極乏しいものだと云うことを妨げない。……日本主義・東洋主義・乃至アジア主義・等々……その内容に這入って見ると殆ど全くのガラクタで充ちているのである。」

にもかかわらず、内容のないイデオロギーがなぜ日本社会に充満しつつあるのか。戸坂は日本イデオロギーの国粋主義（国粋拡張主義）的側面を重視して分析する。

発生史的には、それは幕末の国学運動の系統をもち、明治初めから明治二〇年代まで「欧化主義」に対抗したものであり、日清・日露戦争を契機として生まれた初期「無産運動」にも対抗するものとして「成長」しつつ、その後の大正デモクラシー運動への「反感」として根強いものとなった。昭和恐慌の日本経済の危機のときにも、感情としての国粋主義は高揚した。戸坂はいう。

「国粋主義の横行は却って実は『国粋』の〔危機〕を物語るインデックスに他ならないわけで、国際主義なるものは即ち自分自身を裏切ることをその本質とするもののことに他ならない。一般に之が反動イデオロギーの『宿命』なのである。」

戸坂は、そうした感情的な日本イデオロギーが「言論界や文学や科学の世界にまで染み渡り始めたのは、確かにこの二、三年来である」と述べている。戸坂のいうこの二〜三年というのは、すなわち、昭和七〜八［一九三二〜三三］年ということになる。戸坂は皮肉まじりに、日本イデオロギーたる国粋主義を「インターナショナルに並べることは、一部の国粋主義者に気に入らないだろうが」と述べている。

当時は、日本だけではなく、「インターナショナル」ということであれば、ドイツではヒトラー、イタリアではムッソリーニ、米国ではルーズベルトによる産業統制（ニューディール）という流れとある種の国粋主義がそれぞれの国において高揚した時期でもあったのである。戸坂はこの点を決して見逃してはいない。

戸坂は日本イデオロギーを説く鍵用語として、「非常時（＝行詰り）」、「日本精神」、「美文かつ抽象的」、「理論的空疎」等々を挙げている。それぞれを文脈にそって紹介しておく。

（一）行詰りという「非常時」――原因を探れば、「ほかならぬ非常時の絶叫自身が非常時の原因だったということが判る。」

（二）「日本精神」主義――この本質がはっきり把握できないこと。ゆえに「日本の国体」の自覚が強調される。

（三）「美文・抽象的」――安岡正篤の文章のように、美文的で抽象的なイデオロギー的文章は、「国粋的新官僚から最もよく親しまれ易い理由は判るが、歴史のリアリティーをこうした昔風な心境談に還元して了うことが、古来事実日本民族の精神かとも思われる。だが要するに之は歴史ではなくて道徳的教訓から美文学に他ならないし、道徳的教訓や美文学にしても極めて原始的な文にすぎない。」

(四)「理論的空疎」――「何が日本精神であるかということではなくて、日本精神主義なるものが、如何に理論的実質に於いて空疎で雑然としたものかということ。」

日本イデオロギーは日本精神を強調するが、その日本精神たるものが「合理的に科学的に、遂に説明されなかったがゆえに、戸坂は「日本主義は幸にして決してただの日本主義に停滞してはいない。日本主義は東洋主義又は亜細亜主義にまで発展する。尤も之はただのアジア主義ではなくて、日本主義の発展としてのアジア主義、云わば日本アジア主義なのである」と述べた上で、そのイデオロギー的脆弱性をつぎのように指摘した。

「だが、日本は云うまでもなくアジア全体ではないのだから、ではどういう風にして日本精神主義を日本アジア主義にまで拡大するのであるか。日本自身を東洋にまで、アジアにまで、拡大すればいい。日本は東洋・アジアの盟主となり、そうすることによって或る種の世界征服に着手する。それがわが大アジア主義という戦略であり哲学なのである。……日本アジア主義が日本精神主義の侵略的拡大として、アジア精神主義だということは判ったとして、では之と日本農本主義との関係はどうなるのか。」

戸坂自身は、この日本農本主義なるものを当時の何人かの論者の所説に言及して説明しようとしたが、彼自身はその内容にきわめて懐疑的であった。戸坂は「ニッポン・イデオロギー」論を閉じる際に「最後に一言」という結論を残している。引用しておく。

「どういう精神主義の体系が出来ようと、どういう農本主義が組織化されようと、それはファッショ政治諸団体の殆ど無意味なヴァラエティーと同じく、吾々にとって大局から見てどうでもいいことである。ただ一切の本当の思想や文化は、最も広範な意味に於て世界的に翻訳され得るものでなくてはならぬ。というのは、どこの国のどこの民族とも、範疇の上での移行の可能性を有っている思想や文化でなければ、本物ではない。……ましてその国民その民族自身にとってすら眼鼻の付いていないような思想文化は、思想や文化ではなくて完全なバルバライ（ドイツ語で野蛮、粗野、無教養、無知―引用者注）に他ならない。」

戸坂は日本イデオロギーに、日本とアジアの近代化における分岐点を見たのではあるまいか。イデオロギーはいつの時代にも容易に発生する。それは国家と社会との関係をどちらの方向からとらえるのかによって、規定されるのである。

竹内好は、中国――魯迅――を通して「社会→国家」から日本の近代化とその近代化イデオロギーを見ようとした。他方、丸山眞男は、「社会→国家」と「国家→社会」という両方向性の分岐点に立って、政治と近代化の関係を探ろうとしたのである。

近代化への始動

アジアにおける近代化への始動が内在的で自律的なものであったのか。あるいは、外在的で他律的（＝外部強制的）なものであったのか。

内在的（自律的）か外在的（他律的）かという視点は、アジアの近代化の始点を考える上できわめて重要である。これは、当時のアジアをめぐる国際秩序のあり方を問うことでもある。アジアにとっての「近代化」が「工業化」と同義であるとすれば、アジアの近代化は英国の「ヘゲモニー（帝国的膨張）」＝経済的基盤をアジアにおいたことによって始動されたことを見逃してはならない。

「ヘゲモニー」とはギリシア語源をもつことばであり、ギリシアの同盟都市での支配関係を意味していた。ヘゲモニーは、日本語の「主導権」、「指導権」あるいは「覇権」に置き換えられてきた。

政治学や社会学において、ヘゲモニーはイタリアの労働運動家アントニオ・グラムシ（一八九一〜一九三七）の「ヘゲモニー論」に関連させて紹介されることが多かった。ちなみに、岩波『哲学思想事典』での黒沢惟昭の定義もそうした視点を意識している。紹介しておこう。

（一）一般的定義として――「社会集団の他の社会集団に対する政治的、文化的指導。」

（二）革命概念として――「一八九〇年以降のロシア・マルクス主義内部において……レーニンも一九〇五年からしばしばこの言葉をプロレタリアートの貧農大衆との同盟と指導の意味で使った。」

（三）統合概念として――「経済―政治―倫理の統合を構想しその生成過程にヘゲモニーの成立をみる。同業組合的団体から経済的な統合の組織化を経て国民的統一集団の形成に至る。……ここで経済と政治の利害が同化されるだけでなく知的・道徳的にも統一された社会集団が形成され、国家を掌握することによってヘゲモニーが完成する。」

黒沢の定義はやや狭いように思える。現実には、ヘゲモニーは国際政治経済体制の分析概念としても使われてきた。大阪市立大学経済研究所編『経済学辞典』（第三版）の、猪口孝によるつぎの定義がわかりやすい。

「覇権国家は世界経済と国際関係の規則や慣行をかたちづくるさいに大きな役割を果たす。たとえば、自由貿易体制とか第三世界安定化体制は覇権国家が中心となってつくられる場合が多い。覇権国家は、なかば公共財としての世界市場の安寧と繁栄や、国際関係の安定と平和を供給するさいの大きな大黒柱となる場合が多い。しかし覇権国家はつねに世界システムの公共財供給的な役割を果たすのではなく、それが衰退する時期には逆に世界システムの安定を崩す役割も果すことがある。覇権国家の強さは強圧的な装置によるだけではなく、非強圧的な装置に支えられている部分も大きい。すなわち、覇権国家がその初期ないし最盛期に創設した原則や慣行は衰退が始まってもかなりの期間存続する場合が多い。世界の規範やイデオロギーを一定限度支配する限りにおいてヘゲモニーは覇権国家の物理的な力をこえて持続するのである。」

要するに、歴史的概念としてのヘゲモニー（覇権）は一国が軍事力、経済力、政治力、あるいは天然資源などで他国に対して圧倒的な優位をもち、支配あるいは従属させる一定の国際的システムとしての権力構造を意味するのである。

歴史的といったのは、覇権体制として古くは「パクス・ロマーナ」――ローマ帝国による覇権体制――、近代では「パクス・ブリタニカ」――英国による覇権体制――、「パクスアメリカーナ」――米国による覇権体制――がその事例とされてきたからだ。そして、覇権体制とは現実には、強圧装置であると同時に国際関係の均衡あるいは安定装置（＝公共財）の両面性をもってきた。

歴史学者の秋田茂は、そうしたヘゲモニー論からアジアの近代化（＝工業化）への始動を明らかにしようとする。秋田は『イギリス帝国とアジア国際秩序―ヘゲモニー国家から帝国的な構造的権力へ―』で、英国の帝国的膨張がアジアにもたらした国際秩序の構図を、ヘゲモニー国家という観点から描いている。

秋田もまた大枠において先にみたヘゲモニー概念を使うが、英国の経済学者ストレンジが提起した国際経済関係を規定することのできる「構造的権力」（＝ヘゲモニー国家のもつ権力の構造）からもアジアの近代化をとらえようとする。ちなみに、ストレンジは構造的権力の構成要素（＝内実性）を「安全保障」、「生産（製造業）」、「金融」、「知識（情報）」ととらえている。

ヘゲモニーというやや抽象的な概念をこの四つの構造の時間的多寡あるいは軽重でとらえることには、ヘゲモニー国家をより動態的に分析することができる利点がある。秋田は、世界規模で軍事力を展開できたかつての英国が、米国や日本などの軍事力強化のなかでもヘゲモニー国家たりえたことを念頭において、構造的権力をつぎのようにみる。

「（軍事力だけではなく—引用者注）ヘゲモニー国家の経済力自体も変化して、農業や製造業が国際競争力を喪失する一方で、金融・サーヴィス部門はその影響力を温存する傾向にあった。……ヘゲモニー国家の権力の変質を理解するために、オールラウンドな影響力は低下したが、依然として国際社会において隠然たる影響力を行使できる状態の先行したヘゲモニー国家を、特に、その経済力を基盤として影響力をあわせて『構造的権力』と規定する。」

この種の構造的権力は単に暴力性を顕わにさせたものではなく、その地域における後発勢力なども利用することで、ヘゲモニー国家の体制に新興国家などを組み込もうとするのである。

鉄道や船舶などの輸送システム、情報伝達を容易にさせる国際郵便や海底ケーブルによる通信、国際取引慣行、国際言語としての英語などは単にヘゲモニー国家だけを利するのではなく、世界共通の国際的公共財にも変容していったのである。

こうした諸点を念頭において、ヘゲモニー国家としての「パクス・ブリタニカ」がアジアの支配をどのようにして押し進め維持させたのかが重要な点である。パクス・ブリタニカという構図において、英国のアジア支配の反作用としての「アジアの近代化」が始動することになっていた。秋田もこの点にふれ、つぎのような分析結果を提示する。わたしなりに整理しておこう

①安全保障構造――陸軍力としてのインド軍を安価――インド側の軍事費負担――に利用しえたこと。ドイツ――海軍力――などの勃興に対抗して、アジアでの自治領諸国――オーストラリアなど――の軍事力などの利用と日本などとの同盟――日英同盟――によるヘゲモニー維持。

②生産構造――中国の主要港――上海や香港など――の開港と英国などによる税関業務の拡大。これにより中国などは英国の「非公式帝国」へ編成。アジアを原材料基地とするとともに、英国製品の市場とする。通商条約締結による自由貿易原理の普及による英国製造業の競争力の優位性の維持。

③金融構造――一九世紀後半には、英国の生産構造優位は、米国やドイツ、ロシアや日本などの工業化によって崩れ始めた。必然、英国の貿易収支は悪化し、これを補填する貿易外収支――海運料、保険料、貿易手数料、投資からの利子・配当収入――によって国際収支を均衡させる構造となる。つまり、生産構造の弱体化を金融構造によって補う構造が形成され始める。ロンドン・シティを中心とする構造が重要性をもつこととなった。アジアの工業化（=近代化のための資金需要増大）は、マンチェスターなどの綿業資本家にとって脅威となったが、ロンドン・シティにとってそれは望ましいことであった。英国は中国の金融制度整備に対しても影響力を保持し、「スターリング通貨圏」が形成されていた。「シティ金融利害とアジアの工業化との相互補完関係……中国は、日本に次いで、東アジア地域の工業化とアジア

間貿易の拡大を推進する『第二の核』に成長した。」

④知識構造——通信インフラの整備により情報ネットワークが形成された。

秋田はストレンジが提起したこれらの四つの構造から、一九世紀から二〇世紀にかけての英帝国とアジア国際秩序の関係をつぎのように総括する。

「世紀転換期において、東アジアにおけるイギリスの非公式帝国であった中国や、海峡植民地などの公式帝国、さらに新興工業国の日本を含めたアジア間貿易の拡大が、イギリスにとっても必要であった。こうして一九―二〇世紀の世紀転換期において、イギリスは広大な公式帝国と非公式帝国を有するヘゲモニー国家として、アジアとかかわったのである。（中略）イギリスの帝国政策と対外政策の重心は、……軍事力の行使からロンドン・シティの金融・サーヴィス利害に支えられた財政・金融政策へとシフトし、イギリスのプレゼンスも変質していく……卓越した軍事力を失った一九三〇年代……イギリス帝国は、弱体化しつつあったとはいえ、依然としてアジア国際秩序の維持において重要な役割を果たす『帝国的な構造的権力』であった。」

とはいえ、その後の日本や米国などのアジアでの「プレゼンス」の拡大、第二次大戦後の米国の一極的台頭は、現在のアジアのみならず世界システムにおける米国型にみられる、旧英国型とは異なったヘゲモニー国家のあり方の再考を促しているのではないだろうか。

ここでいう米国型は、従来のように自由貿易体制やドルという世界的基軸通貨という面において国際公共財を提供しつつも、かつての英国のような公式の植民地をもっていないヘゲモニー国家である。

米国のプレゼンスとアジアの近代化との関係とは何であったのか。先ほどのヘゲモニーを維持するための四つの構造——安全保障、生産、金融、知識——からすれば、米国は現在でも主要国と安全保障条約を結びつつ単独で強力な軍事力を維持しえている。また、インターネットの普及において共通言語と情報発信の面で、米国の力はいまも圧倒的である。

問題は生産と金融である。生産については、米国の空洞化は、一九六〇年代の外国からの輸入の拡大と国内製造業——労働集約的軽工業——の再編によって始まり、一九八〇年代からは資本集約的重工業分野などにおける米国系多国籍製造企業の直接海外投資（＝多国籍化）によって一貫して進行してきた。

そうした脱工業化にともなう国内経済を支えてきたのは、内外金利差や新しい金融商品などの開発を通じて世界各国から余剰資金を引きつけてきた金融業であった。産業構造において、米国の金融偏重はあきらかであった。とはいえ、二〇〇七年以来のサブプライム問題の深刻化により、米国金融業は大きな岐路に立っている。

そして、米国の生産と金融のヘゲモニーは中国などの近代化——工業化——を大きく始動させてきたのであり、米国のヘゲモニーの低下は中国などの自律的近代化を今後促していくことになるのである。

近代化への抵抗

政治学者の丸山眞男は座談を得意とした。座談において丸山は専門家たちに刺激を与え、丸山もまたいろいろな学者たちによって刺激を与えられてきた。丸山は座談によって、自らの考えを日常言語化することで、その政治学は専門学者だけのギルド的世界の隠語化から距離をおくことができた。

ここでいう専門家とは政治学者であったこともあれば、経済学者や法学者であったこともあった。そこには、学界人だけではなく、文学者や芸術家などもいた。

丸山眞男は座談――対談もあった――で、しばしば、日本社会の構成原理と明治以降の近代化をテーマとした。また、近代化を正面から取り上げなくても、座談という「料理」のスパイスとして「近代化」という概念をよく使った。

たとえば、丸山は、日本の敗戦からしばらく経ったころに、経済学者の大塚久雄（一九〇七～九六）や法学者の川島武宜（一九〇九～九二）等との「新学問論」をテーマとした座談会で日本の近代化についてつぎのような発言をしている（『潮流』昭和二二［一九四七］年一月号、『丸山眞男・座談』第一巻所収）。

「日本では古代的なもの、アジア的なものが封建的なものの登場によって消滅されないで、近代的なものが出て来ても、封建的なものを排除しないでただその上に乗っかって行く古代的なものが今日まで一貫している。そういう一つの重畳性ということが一応問題になるのではないですか。」

丸山は続ける。「明治二十四、五年、日清戦争前後を契機として日本の近代化ということに非常に大きな変質が来て、そこで大きく近代的なものがチェックされたが、さりとてその後の過程を全く封建的絶対主義といえるかどうか。実は私自身そこのところまだよく分からないのです」と。

この座談から二年半後に、丸山は、作家の大岡昇平（一九〇九～八八）等との座談「日本の軍隊を衝く」で、日本の社会構成原理の「重畳性」を軍隊内の士官（＝近代化）と下士官（＝封建制）と捉え、同様の原理が日本の大企業（＝近代化）と中小企業（＝封建制）にみられることをつぎのように分析してみせている（『知性』昭和二四［一九四九］年六月号）。

「下士官とパラレルな階層が中小商工業者です。日本の社会構成では、ご承知のように中間層の占める地位が非常に大きい。特に中小工業、中小経営ですね。中小経営というものが日本の資本主義の支柱になっていて、……近代的な社会政策の施行に対して一番頑強な抵抗を常に示してきたのは中小工場主ですね。つまり経営が合理化されていないから労働時間の延長以外に利潤をあげる道がないわけでしょう。こういう中小工業の広汎な存在ということが、日本の経済合理化の一番の大きな妨げとなっていたわけです。大資本はいつもそういう社会立法の問題が起こるたびに、自分の方はいいんだけれど、中小企業が可愛そうだといって、中小企業の立場を表面に押し立てて、その背後に隠れて、近代的な労働立法の制定を阻んできた……そういったことから育まれる中小企業者の意識というものが、社会的反動の集中的表現だったわけです。軍隊の下士官はなくなったけれども、リトル・オプレッサーとしての社会の下士官は現在でも日本の民主化をはばむ大きな力となっている。」

こうしてみると、大企業部門が近代化し世界経済に対応しえても、中小企業部門が対応できず、封建性の残渣として中小企業の存在が大企業の近代化を支えるといういわば近代化の倒置が起った、と丸山はとらえていた。

つまり、日本における大企業の近代化、より具体的には世界の大企業並みの資本集約度の引き上げにはそれ相応の資金蓄積が必要であり、それは世界市場での自律的取り組みによってはかられるとともに、近代化されない中小企業の存在によって他律的にも支えられていたのである。

日本における近代化の逆説性は、大企業と中小企業との関係にみごとに擬制化されてきた。これは日本における近代化の二面性と言い換えてもよい。近代化のシンボルである大工場が成立しても、それを支える資本財を外国からの輸入に仰がなければならない日本にとって、外貨獲得はきわめて労働集約的で低賃金に基礎を置く非近代化（＝在来型）産業群によってはかられるような構図があった。

そこでは近代化はまさに非近代化によって支えられ、非近代化分野の存在こそが近代化分野の成立を促していたのである。と同時に、そうして発展を促された近代化部門は、国内の非近代化ゆえに十分な市場が開拓されず、近代化されていないアジアへとその商品のはけ口を求めることになった。日本の近代化はアジアとの関係においても二面性をもった。

必然、そこには近代化への抵抗が生まれる。問題はどのようなかたちで抵抗が起ったかである。ここで近代化のもう一つの二面性、すなわち、「国家→社会」という上からの近代化と「社会→国家」という下からの近代化という構図を当てはめると、日本における抵抗勢力としての「社会」の弱さを問題視せざるをえないのである。

丸山眞男らが問題視したのもこの点であった。社会学者の玉野和志は「社会と国家の距離感―日本における社会学の位置―」で丸山や大塚久雄が戦後展開した「市民社会論」に寄せて、国家と社会の日本的距離感についてつぎのように指摘する（玉野和志編『ブリッジブック社会学』所収）。

「ひとつは市民社会が伝統的な集団主義のままで、自立した個人が育たず、その意味で未成熟であるということ。もうひとつは社会そのものが国家から独立していないという意味で未成熟であるということである。日本の戦後民主化論は、圧倒的に前者の意味での未成熟を重視したところがある。それゆえ家や村などの伝統的な集団は解体されるべきだとされ、個人の自由と自立を尊重する新しい組織形態が求められた。ところが、欧米の社会がなぜ国家から独立を保てたかというと、実は教会を中心とした地域のまとまりや、政党や組合などの自発的な結社が、それぞれに伝統的な儀式や儀礼を含めて強固な結合を維持していたからなのである。」

日本が範とした欧州諸国は、伝統的な社会にまでは入り込めないという制約の範囲で、社会との緊張関係の中で近代化を進めたのであり、近代化とはそもそも社会の抵抗を含んだものであったとするのが玉野の見方である。玉野は、戦前から戦後にかけて国家主導の近代化が無人の野を行くように進んだ後、今度は占領軍を背景にした国家による民主主義化によって、日本社会はつぎのように変容したととらえる。

「個人の自由を制限する社会の自発的な力は失われ、国家の力が極端に肥大化してきたと見ることもできる。しかも、個人の自由と自立を尊重する新しい組織形態が求められたために、それを実現するものとして期待された労働組合や社会運動団体、さらには社会主義政党が、実はそのようなものでありえないという現実に直面した時、日本人はあらゆる集団や社会的結合そのものを忌避し、嫌うようになった。」

いうまでもなく、社会はさまざまなかたちをもつある種の連合体である。日本の近代化をとらえるとき、その歴史的文脈を踏まえた上で、ある種の連合体がなぜ国家にとって代わられたかをみておく必要がある。それはパクス・ブリタニカの下でアジアへ押し出されたウェスタン・インパクト＝帝国主義という緊張した国際関係のなかで、西洋諸国に対抗するための幕末の尊王攘夷がそのまま新興近代国家のナショナリズムとして、社会の抵抗を上回った結果であった。

そうしたなかで、伝統的価値観は近代化に反動的なものとされ、国家が前面に出た近代化が推進された。「国家→社会」という方向に対する「社会→国家」という抵抗性を含む近代化論を考える必要があろう。これは竹内好らの考え方であったが、それをいまの文脈でいま一度検討しておくことが重要ではないだろうか。

近代化の到達点

近代化とは、その結果として一見すると平等社会のような一律的な生活空間をもたらしたといえなくもない。ここでいう「平等」とは、わたしたちの政治において追い求められ説かれてきた近代社会の構成原理の一つでもあった。それは、法の下での平等が説かれても、法の下での不平等を選挙公約あるいは政党綱領の一つとして、掲げるべきであるとした政治家がそう多いわけではないことからも首肯できよう。

だが、政治という「公的」な生活空間ではなく、より「私的」な生活空間である社会においては、平等という社会構成原理は割合と空疎な生活概念ではなかろうか。近代化は、一方において政治的平等化という理念を得ることで、大衆参加型政治社会を実現したが、他方においてそれは経済的平等社会を保障したわけではなかった。

この落差こそが所得再配分機構を生み出してきた。といっても、この落差が根本的に収斂したわけではない。この点を鋭く衝いた思想家の一人にハンナ・アレント（一九〇六～七五）がいた。

戦前、ナチスに追われ、平等な国である米国へと渡ったアレントは、米国の公民権運動のその後の大きな一歩となった一九五七年の米国南部でのリトルロック事件を取り上げた論稿で、「平等と差別」についてつぎのように指摘している（ジェローム・コーン編（中山元訳）『ハンナ・アレント・責任と判断』所収）。

「政治体において平等はそのもっとも重要な原則であるが、社会におけるもっとも重要な原則は差別である。社会とは、政治的な領域と私的な領域にはさまれた奇妙で、どこか雑種のようなところのある領域である。」

アレントは、平等と差別を、政治と社会と対比させたあとで、「近代の訪れ」とともに、ほとんどの人が生涯の大部分を過ごすようになるのは、平等を掲げる政治的な領域ではなく、差別を原則とする社会という領域であることを強調する。

そのような社会では、個人は単なる個人という人格ではなく、個人が帰属する集団の属性がその個人にとっても重要な鍵を握っていることになる。アレントによれば、それらは、米国であれば、「職業」、「所得」、「人種」であり、欧州では「階級」、「教育」、「作法」であるとみる。日本では、さしずめ、出身大学などの「学歴」、勤め先である「会社」などというところになろうか。

反面、大衆化社会とは、そうした属性の差異が低下する社会でもある。だが、社会というものが差異を基盤に成立する性格をもつ以上、差別はそう容易になくなりはしないのである。

したがって、差別をなくすのではなく、「どうすれば差別をそれが正当に機能する社会的な領域のうちにとどめておくことができるか、そして差別が破壊的な力を発揮する政治的な領域や個人的な領域にはいり込まないようにできるか」という点が社会全体、より厳密にいえば、個々人の帰属集団にとって重要なことになる。

では、アレントのいう「いずれにせよ、なんらかの差異と差別がなければ存在しない社会」が大衆化するとは一体何を意味するのだろうか。アレントはいう。

「大衆社会とは、差異の境界をあいまいにして集団の違いを均らす社会であり、これは個人の全人格的な一体性よりも、社会そのものに危険をもたらすものである。個人的で全人格的な一体性の〈根〉は、社会的な領域の彼方にあるからである。しかし順応主義は大衆社会だけの特徴ではなく、すべての社会でみられるものである。その集団を集団たらしめる差異の全般的な特徴に順応しない人々は、その社会的な集団にうけいれられないのである。アメリカにおける順応主義のもつ危険性は（これがアメリカ合衆国の建国以来の危険性である）、住民がきわめて不均質であるために、社会的な順応主義が絶対的な力を発揮して、国民としての均質性に代わる傾向があることだ。」

先に紹介した、丸山眞男の米中比較論のいうように、「国家をすっとばしてできたのがアメリカなんです。これは社会があって国家がなかった。タウンシップから発達したんで、国家と中央集権的なものや官僚制的なものは全部後からの産物、ほとんど二〇世紀になって」から出来上がった。こうした米国では、アレントのいう社会的な順応主義が大きな意味をもったのである。

社会的な順応主義が大きな位置を占めてきた大衆社会では、内なる平等感が外なる不平等の成立によって辛うじて成立するところに危うさがある。しばしば、それは近代化の成果である所得の平等性が、近代化されていない外なる不平等社会によって支えられる構図でもある。

ドイツに生を受け、ドイツ語を母国語として、ドイツで教育を受け生活をしてきたアレントは、ナチスの台頭によって母国ドイツを追われフランスへ亡命を余儀なくされ、さらに米国へ移った。

そうしたなかで、彼女はドイツ大衆社会のユダヤ人虐殺という集団暴力と全体主義との関係を生涯にわたって考え続けた。大衆社会化し平等化したはずのドイツで、なぜ、ユダヤ人社会に対してかくも不平等を押しつけたのか。

彼女は「独裁体制のもとでの個人の責任」で、ユダヤ人大量虐殺の責任とイスラエルでのドイツ戦犯の裁判を題材に、裁く権利、集団、官僚制、全体主義の犯罪性などを通して「個人」について論じている（前掲

『責任と判断』)。彼女の問題提起を整理しておこう。

①個人的判断力の崩壊――「個人的な責任ではなく、個人的な判断力がほとんどすべての人において崩壊したことを考えなければ、実際に起きたことを理解することはできないのです。……ドイツ社会において早い時期にこのような道徳的な崩壊が起きていたことは、外部からほとんど認識することのできないものでした。」

②政治的責任と個人責任――「すべての政府は、それ以前の政府のあらゆる行為と過誤に、政治的責任を負います。すべての国は、自国が過去になしたすべての行為と過誤に、政治的責任を負うのです。……戦後のドイツにおいて個人としてまったく無実である人々が、他者と世界一般にたいして、自分たちに大きな罪があると感じていることを認める一方で、ごくわずかでも後悔の念を告白した犯罪者はきわめて少数だったことは、道徳的な混乱のきわみであると、わたしはずっと考えてきました。このように集団的な罪を自発的に認めることは、その意図とは反対に、何かを実際に行った人々の罪を免除するうえできわめて効果的に働いたのです。」

③歯車理論と官僚制――「高官から末端の役人にいたるまで、公的な問題を処理していたほかのすべての人々は実際に〈歯車〉にすぎませんでした。だからといって、誰も個人的な責任を負わないということになるでしょうか。……どのような官僚的なシステムでも、責任逃れは日常的な事柄であり、政治科学という視点から、すなわち統治という視点から官僚制を定義しようとすれば、官僚制とは役所による支配として、人間による支配、一人、数人、多数の人による支配と対立するものです。官僚制とはあいにくと誰も支配する者のいないシステムであり、まさにそのためにもっとも非人間的で、もっとも残酷な

支配形態なのです。」

④全体主義と道徳――「古くからの高度の文明をもつドイツという国で、道徳性が完全に崩壊した瞬間に、道徳という語の本来の意味があらわになったかのようです。道徳性という語は、習慣や習俗の集まりを示すモーレスというラテン語から派生したものであり、国民全体のテーブルマナーを変えるのと同じようなたやすさで、別の習慣や習俗の集まりに変えることができるかのようです。（中略）ヒトラー体制において『尊敬すべき』社会の人々が道徳的に完全に崩壊したという事実が教えてくれたのは、こうした状況においては、価値を大切にして、道徳的な規格や規準を固持する人々は信頼できないということでした。わたしたちはいまでは、道徳的な規格や規準は一夜にして変わること、そして一夜にして変動が生じた後は、何かを固持するという習慣だけが残されるのだということを学んでいます。」

この道徳のやっかいさについては、アレントは一九六〇年代半ばにニューヨークとシカゴの大学での講義「道徳哲学のいくつかの問題」の導入部分で、ナチス体制下の道徳性を取り上げた際に、つぎのような問題提起を行っている（前掲『責任と判断』）。

「道徳性がたんなる習俗の集まりに崩壊してしまい、恣意的に変えることのできる慣例、習慣、約束ごとに堕してしまうのは、犯罪者の責任ではなく、ごく普通の人々の責任なのです。こうした普通の人々は、道徳的な基準が社会的にうけいれられている間は、それまで教え込まれてことを疑うことなど、考えもしなかったでしょう。この問題、この事実が提起する重要な事実は、ドイツの国民がナチスの協議を信じつづけたわけではないこと、わずかな期間の予告だけで、『歴史』がドイツの敗北を告げただけで、もとの道徳性にもどったことです。この問題はいまだに解決されていないのですし、わたしたちはこの事実に直面しなければならないのです。」

アレントは、ドイツという国とナチス体制、ナチス体制崩壊後の戦後ドイツ国家の復興のあり方、とりわけ、戦後のアデナウアー体制の成立と戦前・戦中人脈の復活などを十分すぎるぐらいに視野に入れている。彼女は、先に紹介した大学での講義を行った頃に発表した「裁かれるアウシュヴィッツ」という論稿で、この論稿の数年前に始まったナチス時代の親衛隊員のうちの生存者を被告としたフランクフルトでの戦争犯罪人裁判に寄せて、つぎのように書き記している。

「アデナウアー時代の生活の苦しさは別としても、『ドイツ国民の大部分』がナチスの犯罪者たちの裁判手続きに熱心な関心を示さなかったことを責めるのは、酷というものだろう。西ドイツ政府の役人は、地位の高さにかかわらず、ほとんど元ナチス党員で占められているというのは、周知のことなのだ。」

いうまでもなく、国家は継続し、国家という正当性が承諾されるかぎり、アウシュヴィッツにつながったその法律——ヒットラー総統の命令——への国民としての遵法性を犯罪とみなすのかどうか。アレントは、この問題提起のあとに、つまるところ重要であるのは、個人が自分に向き合うことであり、その「判断と責任」のあり方を問題視したのである。

彼女は、この論稿から五～六年経過した頃に発表した「思考と道徳の問題—W・H・オーデンに捧げる—」で、「思考は不可視なものにかかわり、そこに不在なものの表象にかかわります。判断はつねに、目の前にある特殊なものにかかわるのです」と指摘する。近代社会とは大衆社会であるかぎり、そこに可視的に見える平等と差異、可視的に見える普通と特殊を隔てる何かとは、つねに不可視的で相対的なものであると、アレントは感じていたのである。ゆえに、アレントは近代社会における個人としての判断と責任というものを不可欠なものとして主張したのである。

この章ではいろいろな側面から近代化、そして、近代社会なるものを論じてきた。近代化の現時点での到達点とその帰結はどうであれ、国家と社会の間にある個人の判断と責任がどのようなかたちであるのかはいまも問うべき課題なのである。

むろん、近代化はすでに到達されたのであり、いまにいたるまで近代化をかくも長期間にわたる現象として論ずること自体が近代的ではないとする見方もある。一九七〇年代には、脱近代論——ポスト・モダン——も登場した。確かに、近代化の到達点とされた国民国家の国民的アイデンティティが、経済のグローバル化と大衆消費主義——大量生産と大量販売——によって薄れ、グローバル市民という意識も出てきたことは事実であろう。

だが、脱近代——ポスト・モダン——なるものが近代化や近代社会の何に抗して、あるいは何を超えてその内実を明らかにしてきたのかと問えば、それらは必ずしも明示的なものではない。

近代化と脱近代

日本の政治思想史を研究する米原謙は、『日本的「近代」への問い—思想史としての戦後政治—』で興味ある問題提起を行っている。米原は「現代日本の思想状況を一言で表現する」と、それは「『終わり』の意識」であると断言する。そこには、「近代の『終わり』」や「『戦後』という時代意識の終わり」も含まれている。

米原は戦後という意識が第二次世界大戦の敗戦国の共通現象であるという社会学者の富永健一の視点を引

き継ぎ、つぎのように分析を加えている。

「『戦後』と呼ばれる時間が五〇年も続くことは、常識的に考えて普通のことではない。……『戦前』の価値観と『戦後』の価値観を区別する必要のない戦勝国では、『戦後』という意識は持続しなかったのである。これに対してドイツや日本では『戦前』を否定して『戦後』の価値観を定着させるのに半世紀近くを要したのだと考えられる。」

日本では、いわゆる戦後的価値観の生産者(＝啓蒙家)は「近代主義者」と呼ばれてきた。米原自身は丸山眞男、竹内好、鶴見俊輔(一九二二〜)等を念頭に置き、彼らの影響力は一九五〇年代にピークを迎えたのであり、その後、低下したとみている。

米原は「六〇年安保や大衆社会の到来によって新世代の批判にさらされたが、なおその影響力は六〇年代末ぐらいまで続いた。七〇年代に入ってその影響力が急速に衰えたのにはいくつかの要因がある」と述べた上で、高度経済成長による社会環境の変化や欧米のポスト・モダン潮流の紹介によって、丸山等近代主義者の影響が低下したと解釈する。

ポスト・モダン派には、たしかに戦後の啓蒙的近代主義者の議論は古臭いものと感じられたであろう。かといって、ポスト・モダン主義者も、欧米のポスト・モダンという借着で日本のモダンを古臭いといっただけであって、「日本のモダンに正面から取り組んだのではなかった」ところに、真にポスト「モダン」になれなかった日本の問題も存在していたのである。

富永や米原よりもずっと若い世代に属し、一九八〇年代に社会学を学んだ社会学者の玉野和志は、丸山眞男らにつぎのような感想をもったという(玉野編『ブリッジブック社会学』所収)。

「ちょうど浅田彰の『構造と力』がベストセラーになった時期で、いわゆるニューアカデミズムがブームになった頃である。私と同世代もしくは少し上の世代も含めて、目端の利く者はすべてこの新しい学問のあり方にさおさすようになった。そこで打ち捨てられたのが、丸山眞男と大塚久雄に代表される近代化論や戦後民主化論であった。フランスの構造主義者たちの文献から学んだ同世代以降の人たちには無縁なことだろうが、私のように日本の社会学者の文献に学んだものにとっては、どうしてかくも上の世代が近代化や民主化にこだわるのかが理解できなかった。……自らをポストモダンと気取るほど開け抜けてもいなかった私は、同世代としては珍しく戦前も含めた過去の日本の社会科学の業績へ導かれていった。そこで知ったのは、戦前の日本社会の構造であり、それゆえに近代化＝民主化を叫ばなければならない戦後の社会科学の課題であった。」

その後について、玉野は「浅田彰自身が自分が思っていたほど日本の社会は進んでいなかったと回顧して、九条の現代性などをのたまうようになるのを端で見ながら、浅田たちも、そして戦後の知識人たちも、自らの先達たちが生み出した蓄積をまともに受けとめようとしなかったという点では、同じ穴のムジナであったと感じるようになった」とも述べる。

たしかに戦後という十分に長い時間にわたって、戦前来の日本の近代化を問うという課題が現代的意義というかたちで問われてきたのか、あるいはただ単に打ち捨てられてきただけなのか。脱近代化はいったい全体、近代化の何を脱しようとしてきたのか。

だが、こうした議論からは近代化の国際比較的視点がすっぽり抜け落ちてはいないだろうか。日本の近代化を見ながら――反面教師扱いするにせよ、あるいは目指すべきモデルとみなすにせよ――、日本の周辺アジア諸国はどのような近代化意識をもち、戦後体制のなかで近代化を目指し、どのような近代社会を築いてきたのだろうか。玄武岩は『韓国のデジタル・デモクラシー』で、日本と韓国での近代化と民主化との関係についてつぎのように述べる。

「日本は、『近代化』を自らの意思で成し遂げて国民国家を確立してきたものの、戦後の『民主化』は敗戦と占領によってもたらされたものである。それとは逆に、韓国の『近代化』は植民地権力に押しつけられたものであり、民族意識も、それに対する抵抗のナショナリズムとして確立されていった。国民国家の形成も、分断国家としていまだ未完のままであるが、韓国民は代わりに、自らの犠牲によって『民主化』を手に入れることができた。二〇世紀が『近代化』の動力が社会の諸領域の発展を牽引した時代だとすれば、二一世紀は『民主化』の動力がそれを推進する時代であるかもしれない。」

そこにある日韓の対比は、日本の自律的近代化と他律的民主化という構図、韓国の他律的近代化と自律的民主化という構図である。そして、「民主化」が不断の市民運動に密接に関連したものであるとすれば、玄は、韓国のそれは「百貨店式」であり、「『何でもあり』の肥大化した市民団体を生み出し、『市民なき市民運動』として批判されるようになってきた。つまり、市民運動が、一般市民の日常生活に根づかない、過去の『運動圏』が先導するような権力志向の方向に流れてきた」のに比較して、「日本の市民運動は、国家の政策を左右するような闘争力や組織力はなくても、日常生活に密着した生活政治の発現という傾向性をもっている」と指摘する。

近代化の終焉、あるいは終焉しつつある状況を脱近代ととらえても、いずれにせよ、それは近代化とは決して無縁ではありえない。そして、日本においては民主化が他律的であると自覚されたがゆえに、その自律的とされた近代化への問いかけが丸山等によってなされたのである。

そこで問われたのは戦前における民主化なき近代化であり、丸山等は民主化された近代化のすがたを理想として追い求めた点において、それは日本の脱近代化でもあった。なにもそれは学者たちだけの概念化された先行意識ではなく、個人としての多くの日本人の内面規範として定着された底流となったのである。

だが、それは底流となったことで強く意識されず、日常生活にかかわる通り一遍のもの――しばしば、それは単なるエゴ的（＝民主的なる）主張となる――となった。玄のいうように、国家の政策を強く意識しそれを変えようとする闘争力や組織力を高めることのできる「個人→社会→国家」という意識が戦後社会のなかで低下しつづけたこと――日本での脱近代――が、戦前型近代化を暗黙のうちにいまも支えているのではないだろうか。

第二章　孤立と共生

近代化の構造

近代化が欧米諸国における資本主義経済の制度を日本においても実現化していくことであったとすれば、それは明治後半から大正期に加速化された。こうした近代化の帰結が、第二次世界大戦での日本の敗戦へとつながっていたとすれば、これに先立つ時期において何が問題であったのか。作家の司馬遼太郎（一九二三〜九六）は、一九三〇年代以降の迷走する日本を「魔法の森」と呼んだ。

では、「魔法の森」の一九三〇年代に先行した一九二〇年代、いわゆる戦間期とはどのような時代であったのか。そこにはどのような近代化の構造があったのか。米国人で日本近代史研究者のルイーズ・ヤングは、「『近代』を売り出す―戦間期の百貨店、消費文化そして新中間層―」でこの時期を、「百貨店と新中間層」のいわば可視的な消費の時代としてつぎのように描き出している（バーバラ・佐藤編『日常生活の誕生―戦間期日本の文化変容―』所収）。

「百貨店は日常生活レベルの物資文化も商品化し、近代化することに力を注いだのであった。この過程で、店内で売られている商品総体によって示された近代という像を、百貨店は売ったのであった。議会政治や鉄道、植民地を持つ帝国の中に見て取られた近代性という従前の観念にとってかわり、……還元すれば、国民国家や産業資本などの公的制度というよりも、平凡に過ごされている私的生活と百貨店とを切り結んだ近代という概念が、百貨店自身によって形成されたのであった。」

カール・マルクスは労働力の商品化を徹底的に押しすすめる点において資本主義経済の特徴をとらえたが、ヤングは商品経済の担い手を百貨店の登場において象徴的にとらえ、資本主義経済化＝近代化という文脈において、百貨店をそれを実現させる可視的存在とみた。

百貨店と結びついた消費文化こそが、専門的職業人やサラリーマン（ホワイトカラー）といった新中間層を近代化のシンボルとして取り込んでいったのである。通常、所有と生産関係において中間的位置にいる社会階級は「中間層」であり、具体的には、中小製造者、自作農業者、商業者などがこの範疇に入る。ここで「新」といったのは、これに対して、勤労者であるものの、その所得の高さによって中間層とされたもので、この場合、それはホワイトカラー層を指す。

もっとも、そうした新中間層の消費は物的なものだけではない。当時、郊外に居を求めた彼らが都心の職場へと向かう通勤電車で過ごす時間に必要不可欠となった小説や新聞、雑誌などの消費市場が一挙に開拓されはじめたのもこの時代であった。

消費者としての中間層の拡大がこの時期の特徴であるとしても、こうした中間層の存在は繁栄の一九二〇年代に続く大不況の一九三〇年代を下支えするには、あまりにも未成熟で脆弱ではなかったのか。とりわけ、中間層の没落は疲弊した農村で顕著であり、都市の中小製造業者や中小商業者も同様に困難に直面していた。他方、新中間層もまた日本経済の縮小均衡のなかで崩落し始めていた。

そうしたなかで中国に活路を求めようとした中間層と膨張主義を強めていた下克上的な軍部に対して、新中間層はどのように対処しようとしたのか。結論を先取りすれば、たしかに新中間層は消費においてこそ中間層と共通性をもった。だが、その意識にどのような共通性を形成していたのかを問われれば、彼らは意識において日本の膨張主義の帰結を予想していたものの、近代化のなかで孤立して、他者とのきずながきわめて薄い社会層ではなかったろうか。

米国の政治評論家ウォルター・リップマン（一八八九〜一九七四）は、一九二三年に発表した小著「幻の公衆」——この原題であるThe Public のphantomには「幻」という意味のほかに、「実態のない人たち」という意味もある——で、当時の平和が軍事力の均衡によって成立していたものの、それはきわめて脆い「軍事的平和」であったことを指摘した上で、「実態のない」公衆（the public）と輿論もまた脆い存在であったことをつぎのように鋭く示した。

「行動の傍観者である公衆の一員はその場の価値について論争にうまく介入できないというのが、本書の命題である。彼らは外から判断せねばならず、直接間接のある利害を支援することでしか行為できない。……公衆は実質を扱おうとするとき、特定の利害の餌食となるか無意識に味方するにすぎない。すべての特殊な利害は既定のルールに従って行為するものとする、という共通の利害だけがある。」

ニューヨークのユダヤ系ドイツ移民の裕福な家に生まれ、ハーバード大学に学んだリップマンは、自らの感覚を研ぎ澄ますようにして繁栄の二〇年代の米国社会の公衆をこのように観察していた。だが、彼のような公衆観は、米国社会の中間階層――リップマン自身は「公衆の資格は一定せず、争点によって変わる」といっているが――だけではなく、実は日本社会の中間層にも共通していたのではないだろうか。

リップマンは、公衆にとって「公共問題」解決において自問していたのはもっぱら「ルールに欠陥はあるのか」と「それを正してくれそうな代理をどのように見分けるか」の二点だけであったと見通していた。リップマンが指摘した二つの点は実際的であったろうか。だが、リップマンは、その後の日本社会の方向性を暗示することを述べているのである。

「中央集権化すればするほど、関与する人民が助言を求められ同意を与えることは少なくなる。決められたルールが拡大すればするほど、事実や特別な事業への配慮が少なくなる。局所的な経験と対立し、原因から離れ、その性質を大ざっぱにすればするほど、それを守らせることは難しくなる。……遠く離れて適用されたルールはたいてい同意の拘束力を欠く。人々のニーズにあまり合致せず、いっそう彼らの心から離れ、それらは慣習や理性よりむしろ物理的な力に頼っている。統治者は庶民の代弁者であるというフィクションによって中央集権化された社会は、個人の主導権を低下させるのみならず、輿論の役割をさ397さいなものへと貶める傾向をもつだろう。公衆はあまりに茫然としており、……ルールの実行可能性、または新たな提案の健全さを判断するというテストにほとんど勝ちはない。このような状況下で民主主義や輿論の改善について語ることは無駄である。……後はもっとも都合よく、その仕事を我慢し、言われるがままに従うか逃れるかである。」

リップマンの分析は、二〇年代の米国社会を念頭において行ったとしても、それがもっとも妥当したのは、魔法の森となった日本社会の姿ではなかったろうか。

近代化において、「社会→国家」という方向性が内発的かつ分権的なものであったとすれば、「国家→社会」という方向性は外発的かつ中央集権的であるという文脈では、リップマンは『幻の公衆』ですでに後者の危険性と暴力性を見通していたのではあるまいか。すなわち、中央集権国家では公衆の政治への関与はあいまいとなり、決められたルールなど手続きだけが人びとの関心事となり、ルールそのものの合理性や妥当性は打ち捨てられ、ルールは実際には形骸化していく。そうしたなかで、中央集権化した権力（＝政府）は物理的な力によってルールを守ることで自らの権力を保持しようとする。

では、そもそも「公衆」―― The Public ――とは何であろうか。一般に公衆とは社会学的概念では、広範囲な地域にバラバラに生活する人びとが新聞やラジオ、テレビなどマスメディアによって同じような政治的信条などの世論を構成する集団を意味してきた。"Public" とは「大衆」とも訳される。大衆とは、社会学的概念で、その帰属集団や出自を異にする多数の人びとから構成される、組織されていない集団である。つまり、"The public" とは不特定多数の大衆が、世論の形成に関与――むろん、これには能動的あるいは受動的に――し、共通する集団の構成原理を形成するときに公衆となるが、現実にはそれは phantom ――実体のない幻――化する可能性をつねに秘めている存在でもある。

米国のみならず日本やドイツでも、百貨店の興隆は一部の富裕階級だけに支えられたものではなく、そこに大衆が参加しはじめたことによってもたらされた。だが、そうした大衆消費主義は一九三〇年代の不況で大きく沈む。リップマンはドイツの近代化の帰結にファシズム国家の成立と顔の見えない公衆との関係を見ていた。

いうまでもなく、近代化はそれまでの伝統社会、とりわけ農村に基盤をおく地縁血縁社会の解体を促し、都市型社会の成立をもたらしてきた。それは、米国の社会学者デビッド・リースマン（一九〇九～二〇〇二）が『孤独な群衆』（"The Lonely Crowd" 一九五〇年刊）で描いたような社会でもあった。そこには、大衆消費主義の都市型社会に住む他者指向的で影響を受けやすい大衆が存在する。ちなみに、リースマンのいう"crowd"は一般大衆や烏合の衆を指す。

同じ米国社会での大衆を観察したリップマンとリースマンとの間にはおよそ三〇年の時間差があり、リースマンはヒットラー下のドイツ社会についても観察できる立場にあった。それは、リップマンが見通した個人の主導権を低下させる中央集権社会の下、脆い輿論に支えられた民主主義の脆弱性、そして「もっとも都合よく、その仕事を我慢し、言われるがままに従うか逃れるか」でしかない孤独な群衆像と見事に一致する。

そして、それはまた、ドイツ社会から追われ米国社会へと渡ったアレントが見た「その仕事を我慢し、言われるがままに従う」市井の公衆の姿であったとすれば、近代化が推し進めた国民国家の成立とその集権的性格が、それまで社会が保持しえた倫理観や社会的規範を根こそぎ変えてしまったのだろうか。そうだとすれば、近代化は個人と社会との分断性をもたらし、個人が意図せざる暴力性をそのうちに内包させた構造をもっていたのだろうか。

孤立の近代化

リップマンは、アジアの近代化のもつ問題点などに関心や興味はなかったであろうが、欧米諸国の近代化を眺めると双方の類似性と異質性が見えてくる。

欧州諸国において近代化を先行させた英国は、やがてその影響を他の欧州諸国に及ぼした。英国の孤立の近代化は、他の多くの国に強制的に近代化をもたらし、さらに、近代化の社会への浸透は個人の孤立をもたらしていく。リップマンが見通していたのは、孤立の近代化のもつ問題点の脆い帰結ではなかったろうか。

いうまでもなく、多くのアジア諸国にとっての近代化とは、資本主義経済を早期に成立させた西洋諸国の膨張主義がもたらした、いわゆるウェスタン・インパクトであり、結果として農村共同体が大きく変容し、人びとを伝統的な紐帯から切り離していった。と同時に、人びとは孤立と自由を経験するようになった。

農村共同体からの解放は、それまでの共同体的なセーフティネットから投げ出されることをも意味していた。近代化は多くの都市を成立させていったが、そこには都市共同体ともいうべきものが存在しておらず、それゆえに、かつての農村共同体が擬制化された人工的な――社会政策的――共同体が作られていった。だが、それは伝統的な農村共同体のように成員の本質的意思に基づくゲマインシャフト[*]ではなく、経済活動という機能的な関係で、人と人との選択的意思によって成立するゲゼルシャフト[*2]という利益組織を形成させた。近代化とはテンニエスの概念でとらえれば、それは明らかに「ゲマインシャフト↓ゲゼルシャフト」という転換であった。

＊ゲマインシャフト――ドイツの社会学者フェルナンド・テンニエス（一八五五～一九三六）が『ゲマインシャフトとゲゼルシャフト』（一八八六年）で展開した社会分析概念である。成員がそのままの感情や意思で結合した社会であり、代表的なものとして血縁関係の家族、地縁関係の村落社会がある。

＊2ゲゼルシャフト――ゲマインシャフトと対概念。経済的利害などより機能的な関係が中心となった共同体である。企業など。

前節でとりあげた「社会↓国家」と「国家↓社会」という近代化類型との対比でいえば、「ゲマインシャフト↓ゲゼルシャフト」が直ちに「社会↓国家」に呼応しているわけではない。つまり、ゲマインシャフトを成立させていた社会構成原理が大きく後退し、人びとがその地縁或いは血縁的共同体から投げ出されて孤立の近代化の担い手となったとき、そこに新たな紐帯としてゲゼルシャフトの成立があったとしても、社会がゲマインシャフトから直ちにゲゼルシャフトへと転化するわけではない。それは各国の近代史が示唆するところである。

つまりそこには、かつてゲマインシャフトが負担したさまざまな無形的サービスを、国家が代わって負担するような社会が成立していった。いろいろな社会的サービスなどが家族や地縁社会によって担われていた社会では、国家の介入なくしてはゲマンシャフトからゲゼルシャフトへの円滑な転換がなかったのである。ただし、国家の介入度合は、「社会↓国家」と「国家↓社会」という二つの近代化類型では異なる。竹内好や勝海舟らがみた「社会↓国家」という中国型の近代化類型では、近代化のスピードは遅く、それぞれの社会がもつリジョナリズムが強固な基盤をもった。他方、「国家↓社会」という日本型の近代化はナショナリズムを必要とした。

なお、アジアやアフリカ諸国の多くも「国家↓社会」という近代化類型の範疇に入れることは可能であるが、この場合、国家といっても独立国家ではなくその背後に宗主国の強い影響があったことはいうまでもない。換言すれば、強制の近代化であった。それはあとで取り上げる。

近代化には二つの類型があったにせよ、先に示した社会と国家の間にあった「↓」や「↑」という過程は、経済学者、哲学者や社会学者などが疎外論として論じてきたことでもある。近代化の過程で、それまで個人が帰属する社会で形成され内面化されてきた価値観――ゲマインシャフト――と、そうした社会から個人を切り離す新たに外面化された価値観――ゲゼルシャフト――との間で、孤独な個人は新たなる帰属性を求めたのである。

この新たなる帰属性は、果たして孤独な近代的個人の連帯性を高めうるものだろうか。日本社会においては、しばしば会社組織にかつてのゲマインシャフトを擬制化させ、孤独なる個人の帰属意識を満たしてきた側面を否定できまい。

他方、こうした擬制化されたゲマインシャフト的組織においては、成員の社会への意識が希薄化していくことはリップマンやリースマンらが強く危惧した点でもある。リップマンのいう「幻の公衆」という膨大な政治的無関心層の成立が、カリスマ的指導者への依存を招いたドイツを追われて、米国へと渡ったフリッツ・パッペンハイムは、当時、経済的繁栄の頂点にあった米国社会に身を置いて、『近代人の疎外』で、近代化された社会――ゲマインシャフト――におけるわたしたちの存在の脆さをつぎのように描いていた。

「個人が何事によらず自分の利益追求と関係のないものからは阻害されるという事実は、必ずしもその人の意識にのぼるとはかぎらない。また、いつも自分自身の自我からの疎外に気づいたり、それを不安な経験として感じたりするわけでもない。その冷淡な態度の結果として、疎外された人間はしばしば大いに成功を収めることがある。そうした成功が続く限り、それはある種の無感覚を生み出す。したがって、その人が自分自身の疎外を自覚することはなかなかむずかしい。危機の時になってはじめて、それを感じはじめるわけである。」

哲学に深い造詣をもつパッペンハイムは欧州社会の哲学者たちの疎外論を紹介したうえで、個人の疎外感が人類不変の内的精神性の領域の問題ではなく、「疎外はむしろ近年になって生じてきた現象で、主として、最近二、三十年間に起った政治的な事件にその原因があるという見解については、それを裏書きするような証拠がいくつかあるように見える。今世紀の三十年代に、ヨーロッパのいろいろな国の政体に容易ならぬ変化が生じたあとになってはじめて、われわれの同時代人たちの多くは、人間の生活が人格性を喪失してしまった事実や、個人をたんなる対象にしてしまうさまざまな力に気づいたのであった」と指摘した。パッペンハイムのこうした指摘は、それが半世紀前のものであるという時代の差を感じさせることはない。彼の視点は二一世紀のいまに生きるわたしたちに決して無縁のものではないのだ。

パッペンハイムはマッカーシズム(＊)が吹き荒れる一九五〇年代の米国社会のなかで、さまざまな社会問題に対して多くの人たちの無関心さがどこからくるものなのかを探った。彼はいう。

「少数の人たちしか公共的生活の問題に関心を抱いていないことについては、いろいろな理由があるだろう。それについてわれわれがどんな解釈を下すにせよ、わが国民はのるかそるかの重大決定に直面しているとかいうようなことを、われわれが絶えず思い出させられている時期にあたって、われわれにとって関心があるのはもっぱら個人的な問題だけだ、というように見える事実に変わりはないわけである。」

＊マッカーシズム――米国連邦議会上院の非米活動委員会のジョセフ・マッカーシー上院議員（一九〇八～五七）が、一九五〇年に国務省に二〇〇名以上の共産主義者がいることを指摘し、その追放を求めたことからエスカレートし、政府機関からハリウッドの映画業界にいたるまで米ソ冷戦体制に批判的な人びとを委員会に召喚しその地位から失脚させた事件である。

パッペンハイムは、孤立した個人と社会との関係――「裂け目」――は、そのまま政治における市民意識からの絶縁をもたらすものであることを危惧した。こうした社会では、個人は私的利益のみを追い求め、政治への関心を喪失し、カリスマ的指導者にすべてを委ねる可能性が高まるとみた。

このパッペンハイムの見方は同時代史的に見て、竹内好や丸山眞男らの問題意識にも見事なまでに一致している。第二次大戦を経験したこの世代の近代化観の底流にはこのような疎外観が位置していたのである。パッペンハイムは、「公共的な風紀の崩壊が始まると、政治社会はその生命に必要な血液を失ってしまう。もはや社会の福祉と必要とに対する真実の関心がなくなり、その法的秩序に対する心からの尊敬も消えてしまう」ことを恐れた。

こうした変化は突然やってはこない。フランスの社会学者ピェール・ブルデュー（一九三〇～二〇〇二）が指摘したように、公共性を無視し自己責任のみを強調したような制度の導入の影響はすぐには現れない。しばしば、それは数十年後に現れる。人びとはその原因を探ろうとするが、その時点で個人と社会との接点である公共的精神そのものがすでに喪失している。

わたしたちの社会はつねに近代化の意識によって突き動かされ、一見物質的豊かさを享受してきたかにみえるが、その底流に社会での格差を成長のモーメントとせざるをえない近代化のエネルギーを蓄えてきた。

近代化を強制されたアジアやアフリカ諸国などを除き、米国はもとより日本やドイツでは幾度かの景気後退を経験したものの、近代化のもつ物質的豊穣化だけが意識され、疎外化の側面が打ち捨てられてきた。

強制の近代化

社会学者の富永健一は『近代化の理論―近代化における西洋と東洋―』で、近代化を次の四つの領域でとらえる。

（一）技術と経済の近代化――動力革命や情報革命などの技術革新に支えられた産業化と自給自足経済から市場的交換経済へという資本主義化。
（二）政治の近代化――近代的法整備の確立と絶対王政から民主的政体――民主主義――への移行。
（三）社会の近代化――家父長的家族から核家族への移行。機能的未分化集団から機能集団（組織）への移行。村落共同体から都市型社会への移行。
（四）文化の近代化――神学的・形而上学的知識から科学的知識の普及。合理主義精神の形成（宗教改革・啓蒙主義）。

富永はこの四つの領域にわたって広範な広がりをもつ近代化が、「非西洋諸国」である日本と中国にどのような変化をもたらしたかを論じている。中国と周辺諸国の（一）の技術と経済面の近代化について、「一九五八年に大躍進の失敗に文化大革命の混乱がつづいて、けっきょく二十年が空費されました。中国がやっと経済発展へ端緒をつかんだのは、文化大革命の収束後に鄧小平（一九〇四～九七）が周恩来（一八九八～一九七六）晩年の『四つの近代化』路線を引き継いで、人民公社解体と対外経済開放政策を推進したことによるものでした。さいわいなことに、この時期に台湾・香港・シンガポールの経済発展が本格化し、中国本土の広東・福建がこれと連動し、東アジアに国家の枠を超えた個人による地域連合が出来上がりました。これによって、東アジアの資本主義的発展が急速に浮上することにな」ったとする。

西洋諸国による強制の近代化という面では、英国の挑発にのったとしか言いようのない一八四〇年から二年間にわたったアヘン戦争、さらには英国などの言いがかりに端を発した一八五七年から三年間にわたった英国・フランス連合軍との第二次アヘン戦争（アロウ戦争）の結果、中国（清朝）は開港と領土の割譲などによって開国を余儀なくされた。一七世紀から続いた清朝は、その後欧州諸国や日本との戦争の賠償金支払いと国内混乱、さらには一九一一年一〇月の辛亥革命によって倒れることになる。

このとき、中華民国臨時政府が、臨時大総統となった孫文（一八六六～一九二五）の下、南京で樹立されたものの、国民国家としての中国が成立したとはいえなかった。中華民国は（二）の政治の近代化という面では、それは形式のみの近代的国家であって、実質的にはかつての清朝が地域分裂し、国内では軍事組織などが割拠する状況となり、以降、手元にある東アジア史年表でみても、血なまぐさい事件がつづく内戦状況となっていったことがよくわかる。

そうした内戦状況と日本の中国への軍事侵攻は、中国の経済面での近代化を大きく妨げることになる。一九四九年に毛沢東（一八九三～一九七六）等の指導の下で中華人民共和国が成立した。以降、中国の経済面での近代化が創始されるようになったが、富永の指摘するように、それが本格するのは四半世紀の後であった。この原因を中国社会の頑迷さ――その広範な地域差を含んで――に求めるのか、政治的な混乱に求めるのか。

富永自身は、近代化のスピード以前に東洋と西洋の間にあった政治形態の時間差と近代化の創始点に着目して、「西洋で王の専制が下降曲線をえがきはじめた時期に、東洋では二つの新しい専制政権（日本での徳川幕府の成立――一六〇三年――と中国での清朝の北京遷都――一六四四年――引用者注）の上昇曲線がはじまったという、西洋と東洋の二百五十年のラグがそこに読み取れる」と述べた上で、文化の近代化という面で、後に近代科学の父と呼ばれるようになるガリレオ（一五六四～一六四二）が活躍したころに、日本や中国は儒学の世界に引きこもったことを重視している。

そうだとすれば、儒学の世界が文化の近代化と社会の近代化を疎外することで、科学的知識の普及やゲゼルシャフト的社会の成立を遅らせ、技術と経済の近代化とそれを制度的に支える政治の近代化を遅らせ、結果、近代化が西洋諸国の武力による開国と植民地化や半植民地化、あるいは植民地化への恐れという強制によるものであったことになる。この点に関して、富永はつぎのように日本について問題を提起してみせる。

「それなしに（対外危機――引用者注）、国内から自省的に、封建性を否定する運動や、伝統儒学を否定する運動や、鎖国体制を否定する運動などが、幕末に起ることはなかったのです。……以上のように考えてくると、非西洋後発社会の近代化と産業化というのは、西洋からの文化伝播の受容である。」

富永がここで「強制」ではなく、文化人類学の分野で使われてきた「伝播」ということばにこだわるのは、アジアの強制された近代化はその反発面だけではなく受容面でもとらえる必要性を主張しているからだ。富永はいう。

「伝播はけっして権力的な押しつけではなく、受け入れるほうの側での自発的な受容であり、文化の借用といってもよいもの……低発展社会の人びとが西洋人の文化項目に接し、それを自発的に受容するようになることは、文化伝播といってよい……植民地統治が文化伝播と重なりあったことによって、低発展諸社会の近代化と産業化が促進された場合が少なくなかった……文化伝播に模倣の要素が含まれていることはたしかですが、しかし文化伝播というのはけっして単なる模倣、つまり『オリジナル』の『コピー』ではありません。」

つまり、強制された近代化（＝西洋化）であったとしても、そこにはある種の取捨選択がなされ、受容側の文化がフィルターとして作用したわけである。富永のことばでいえば、文化伝播は選択的な受容とはいえ、それはオリジナルとは元来異なる文脈の中で移植される「適応」という過程をへることでオリジナルとも単なるコピーとも異なるかたちとして現れることになる。

富永の「近代化論」では、このように近代化（＝西洋的産業化）といっても、現実の近代化とは単なる西洋の模倣ではなく、受容側の文化――広い意味では政治も含み――という文脈の中で模倣されることによって、日本と中国では同一の近代化はありえないことになる。

富永は中国の近代化の特徴について、それ以前の伝統的社会のあり方――「周封建」――に関連させて「皇帝はその広大な領土を諸侯に分割することなく一元的に支配し、地方の行政は皇帝によって中央政府から派遣された家産官僚をつうじて行われた」と特色づける。これは欧州や日本のような、地方の土着性の強い諸侯による支配を認めた中央集権制度とは明らかに異なるものであった。

もっとも、こうした皇帝による家産国家や家産が、血縁によってのみ一子相伝的に継承されたわけではなく、現実には分割され相続されたことで、それぞれの血縁による一族支配によって機能化されていくことになる。要するに一族郎党の中からその長たる者が選ばれ、そうした地方集団が皇帝による中央集権権力への対抗勢力となっていたところに、中国の封建制の歴史的固有性があるといってよい。富永はこの点についてつぎのように説明する。

「この宗族集団の強い自治・自衛が、皇帝の権力行使、したがって国家行政の末端浸透を強力には阻んだという事実……『東洋的専制』とか『専制絶対主義』などと言えばいかにも、皇帝の権力行使が広い国土の末端まで行き届いたように思われかねないけれど、実はそうではない……運輸通信手段が未発達で市場も形成されていない時代に、広大な国土を持つ中国のような所で中央集権国家をつくれば、行政の実態はきわめて粗放なものなるほかはない。……」

つまり、先に示した近代化の二類型、「国家↓社会」と「社会↓国家」のうち、前者を日本、後者を中国とした。だが、「社会↓国家」の場合、社会と国家の間の矢印は実線ではなく点線であって、両者の関係もきわめて弱いものであったといってよい。たしかに、中国において皇帝を頂点とする中央専制国家があったが、その「支配」下の社会とそれを構成する人びとにとって国家とはきわめて観念的なものであった。

勝海舟や竹内好らが中国を社会があって国家のない国といったのは、まさにこのことを指していたのである。それは、当時の西洋列強諸国やその下で発達してきた近代化理念にとっては、東洋的停滞を象徴した帝国と映ったに違いない。そうした中国は近代化を強制されることになる。

近代化を強制された日本と中国の、その後の近代化のあり方が異なっていくのは当然でもあった。強制という外部圧力は、やがて内部化されることで社会を構成したさまざまな階層の覚醒、動揺、反発などを呼び起こした。

近代化を担う社会層としては、西洋諸国においてそれは「市民」層であった。近代化とは、市民社会の成立と同義でとらえられてきた。Society――市民社会――とはラテン語源で、商人の社会の意であって、文字通り、商業資本家そして産業資本家がその経済力を著しく向上させ、絶対王政国家に対抗し、個人として自由・平等な権利を要求した。これにより、現在、わたしたちのだれもが疑うことのない自由で平等な市民という日常感覚が成立していくことになった。

こうした視点から日本という社会をとらえると、日本において江戸期の商人たちはたしかに富むようになり、武士社会は商人たちの生み出す富に依存して成立するようになっていたが、商人たちは英国などのように武士階級に自由・平等な権利を要求し、要求が受け入れられなければ自分たちの政権を打ち立て新たな国づくりという近代化に乗り出すことを宣言し、実行したわけではない——むろん、個々人の発意は別として——。

日本には三百近い藩があり、商人の意識は自藩という狭い社会のなかで成立していたわけで、強制された近代化に敏感であったわけでは必ずしもなかったといえよう。むしろ、強制された近代化へ敏感に反応し、反発し、動揺し、内部の近代化意識を強く醸成させたのは武士階級であり、そのなかでも下級武士層であった。

日本では中央専制国家を構成した親藩と外様藩との対立、藩内での支配的武士層と下級武士層との相克を通じて、新たな国づくりの主導権を担った下級武士層による「国家→社会」というかたちで、近代化が創始されるようになる。富永のいう近代化の四つの領域——「経済と技術」、「政治」、「社会」、「文化」——において旧武士層がまずは主導することで早急な近代化が図られるようになった。当然ながら、彼らは自分たちの政治意識と文化を日本の近代化に持ち込むことになった。

明治維新は、英国の市民革命のような明治革命（Meiji Revolution）ではなく、明治の王政復古（Meiji Restoration）であった。王政復古というかたちで近代化がはかられたところに、欧州における「国家→社会」という近代化類型を代表するドイツとも異なった、もう一つの「国家→社会」という近代化のかたちがあった。

他方、中国である。一八六七年から四五年後に辛亥革命が中国で起こったことはすでに述べた。政治形態的には、中国は封建的集権国家から近代的共和制国家となった。だが、経済と技術の近代化は進まなかった。

つまり、「政治」の近代化が「経済」の近代化を促進せず、むしろそれを阻害したところに中国の近代化の特徴があった。

結論を急げば、政治の近代化が「国家→社会」ではなく、中国古来の「社会→国家」の強固な構造を呼び起こし、辛亥革命の革命家孫文は近代中国の行く末をみることなく没した。政治の近代化によって、伝統的社会を解体させ、経済の近代化をつくりだすことはむずかしく、経済の近代化はさらに半世紀を時を経ることになる。

そして現在である。中国経済の近代化は社会の近代化を推し進めたものの、政治の近代化との対立と相克をもたらしてきている。

孤立と共生化

日本の近代化は、先発したがゆえにアジアのなかで日本を孤立させた。日本の近代化にはアジアとの共生というもうひとつの選択肢はなかったのであろうか。戦前や戦中において、さらには戦後が経過した時点でも、日本人のなかでそうした意識が必ずしも強くなかったのではあるまいか。

映画評論家の佐藤忠男（一九三〇～）は、『日本映画史』で、一九六〇年代後半からの日本映画のうち、「終戦記念日」前後に封切りされた『日本のいちばん長い日』（岡本喜八監督、一九六七年）、『山本五十六』（丸山誠治監督、一九六八年）、『軍閥』（堀川弘通監督、一九七〇年）、『沖縄決戦』（岡本喜八監督、一九七一年）などの戦争映画に共通したある種の底流のようなものについてつぎのように指摘した（同第三巻）。

「当時中国は、これらの傾向を日本における軍国主義復活のきざしであると警告した。これらの作品は日本の戦争行動をとくに正当化しているわけではない……ただ、これらの戦争映画では、侵略された側の被害の大きさからいって明らかに十五年戦争の主戦場となった中国大陸や東南アジア諸国が描かれたことは殆どなく……太平洋戦争におけるアメリカ軍との海戦や航空戦がもっぱら描かれる。つまり、敗れた場合でも格好の良かった部分ばかりがとりあげられ、日本軍の勇者たちのための鎮魂が行われており、無抵抗の人民をひたすら殺しまくり犯しまくった中国戦線のことなど殆ど忘れられたかのようである。中国が日本人の戦争の反省の仕方に疑問を持つのは相当の理由があると言わざるを得ない。……この戦争回顧のなかには侵略の責任という観点は欠落しがちであった。そして戦争回顧映画といえば中国戦争が行き詰まってからアメリカやイギリスに対して開戦した一九四一年一二月八日であるということになり、……東映の戦争回顧映画などでも繰り返し描かれるようになる。」

日本と中国の関係の分岐点であった一九三〇年代、日本と欧米諸国——主として米国——の対立関係が激化し日米開戦を不可欠とする意識の強まりのなかで、日本が中国との対立ではなく、共生を模索することでアジアの安定を図るような意識はきわめて低かった。

そうした意識の底流には、日本人の第二次大戦観においてもっぱら日本と中国ではなく、日本と米国との太平洋戦争が大きな比重を占め、米国側の原子爆弾投下による敗戦という記憶が刻印されたことがある。

中国思想研究者の溝口雄三は『中国の衝撃』で、戦後日本において、中国侵略の加害の記憶はその伝聞においてなぜ無いに等しいのかの原因を、つぎのように忖度してみせる。

(一)「日本人の『内向きの自己』の閉鎖性から来るのか。」

(二)「歴史認識上の偏向あるいは歴史観の歪みから来るのか。」

(三)「日中戦争、大東亜戦争、太平洋戦争、第二次世界大戦という微妙に性格の違う四つの戦争を同時に闘った。そこに露呈している戦争の複雑さ、あるいはそれの基層としてある東アジアの近代過程の複雑さに起因するのか。」

こうした諸点を強く意識した自問なくしては、日本とアジアの関係はより自然なものとはならないと、溝口は警鐘を鳴らしている。この問いは、なぜ、日本の近代化の帰結が日本がアジア、とりわけ中国との共生ではなく、やがて満州事変から日中戦争へと連なる国際社会での孤立へつながっていったのか、ということへの自問となるのではあるまいか。

日中戦争はやがて太平洋戦争へと連なった。米国生活の長い歴史学者の入江昭（一九三四〜）は『太平洋戦争の起源』で、「日中二国間に始まった戦争が、日本対数か国連合の全面戦争へと発展していったのはどうしてか」と問う。これには日本、中国、欧米という三つの視点がある。

①日本側からみて——「列国の対日共同戦線を阻止しえなかったこと」。

②中国側からみて——「日本を孤立させ、日本に制裁をあたえる国際的勢力を創出する努力が結実したこと」。

③欧米側からみて——「なぜ、一九三一年には日本軍による満州侵略を黙視したにもかかわらず、十年後には日本との戦争を賭してまでも、中国を支援するようになったのだろうか。」

重要なのは第一次大戦以降の世界体制と、なぜ日本が大きくぶつかり合うことになったのかという点である。だが、これよりさらに重要なのは、当時の日本の政治指導層、軍部、ジャーナリズムにおいて日中関係のあるべき構図が明確に認識されていたのかどうかの点であった。

日本が欧米諸国との協調ではなく、満州での権益拡大をはかりつつ、単独で日中関係の解決をはかろうとした歴史的事実には、楽観的すぎる構図があった。こうしたなかで、日本の近代化の鬼子ともいうべき「軍部」の専横が、まるで糸が切れた風船のように舞い上がってしまうことになる。他方、蔣介石など中国側は欧米側、さらには国際連盟体制にとどまることで、日本の孤立を招くと冷静に見ていた。

日本は満州に権益をもつと主張した。権益とは他国の領土内で得た利益とそれを保持しうる権利のことである。権利をめぐる問題は当時の大きな論点であったことはいうまでもない。外務官僚から南満州鉄道会社の理事、副総裁となり、その後、政友会代議士を経て外相となった松岡洋右（一八八〇〜一九四六）は、国際連盟脱退の際に「満蒙は日本の生命線」と主張したが、満州は日本にとってどのような利益を有していたのだろうか。日本は満州においてどのような利益をもっていたのであろうか。

南満州鉄道株式会社（満鉄）とは、日露戦争終結の二年後に国策会社として設立され、中国東北部の経済開発を進めた事業会社のことである。明治四三［一九一〇］年八月一日付けの満鉄設立命令書によれば、満鉄の役割は鉄道事業としては大連・長春間をはじめ七路線の開業、鉄道の付帯事業としては鉱業、水運業、電気業、鉄道貨物業、倉庫業、土地・家屋経営などであった。

以後、一〇年間の満鉄の「事業別興業費」（累計ベース）は総額で一億五八八九万円、内訳は鉄道（四七・八%）、鉱山（一一・〇%）、港湾（九・八%）、土地（七・一%）、工場（四・二%）などとなっていた。

大正五［一九一六］年の営業収入は、鉄道（五三・一%）、鉱山（三〇・五%）であって、これは炭鉱開発など鉱山部門の比重が年々増していくことを反映していたが、利益面では、満鉄は圧倒的に大豆などの物資輸送など鉄道収入に依存していた（『南満州鉄道株式会社十年史』）。将来の世界情勢における満州の経済・政治・社会の安定と満鉄経営の行く末をどの程度予測して、当時の日本の指導者層がこの国策会社をスタートさせたのであろうか。

満鉄の営業収支は鉄道部門が圧倒的な割合を占めたが、それは北満の大豆輸出のための輸送にかかわる流通利潤に依存していたのである。満州経済と大豆との関係について、経済学者の山本有造は『「満州国」経済史研究』でつぎのように分析する。

「『満州』経済の基盤をなす大豆モノカルチャーの原型は、中国人（漢人）移住を軸とする中国関内との循環の上に形成された。この関内との紐帯を図式化すれば、華北とは人的（労働力）に、華中とは物的（大豆輸出・生活必需品輸入）に、そしてそれぞれに対応する金融ネットワークにより結ばれていた。大豆輸出の主要部分はやがて日ロ外国資本に担われるが、しかし生産・国内流通・消費の場面における中国人ネットワークシステムに基本的変更はなかったのである。日本による『満州国』の創設は、このネットワークを人為的に切断するものであった。」

大豆——肥料用豆カスや豆油も含め——の世界商品化を梃に満州経済を開発するには、満鉄による輸送ネットワークの構築と農村の維持・拡大、さらには満州経済そのもの自足化が必要であり、そのためには大豆だけではなく石炭など鉱物資源の開発の拡大を前提としていた。だが、それを満鉄事業の利益のみによって支えることは不可能であった。中国本土との相互関係の中で成立していた満州経済と、日本経済との連動性を高めるためには、日本などからの膨大な投資が必要であったのである。

当時の日本経済の「バランスシート」からみて、このような膨大な投資を支えるに足る実力があったのかどうか。そうした諸資源——ヒト・モノ・カネ——は国内経済の立て直しに投資されるべきであるという見解も成り立つ。序章ですでに紹介した石橋湛山は、『東洋経済』に発表した「大日本主義の幻想」でこの見方をとった。

この点に関して、日満の貿易収支や満州と中国本土や朝鮮、欧州地域との貿易収支などからすくなくともいえることは、昭和一〇年代にはいって、満州「経営」を維持するためのコスト――とりわけ、軍事費――は日本にとって過重なものとなっていたことである。この点について、山本はつぎのように指摘する。

「日本はモノ・カネ両面において輸出余力を失い、ある意味で満州『経営』を放棄するにいたる。転換点は一九四〇年にあった。この年、対日物資需要の過熱と対満投資供給の頭打ちが重なって満州の対日収支は未曽有の大赤字を記録し、日本の要求によって経済政策・経済計画の大幅な改変が要求される。」

英国人リットンを団長とする国際連盟の調査団が満州事変に関する調査をおこなった昭和七〔一九三二〕年ごろの満州をみておくと、満州を含む中国に対する日本の投資は英国と肩を並べており、製造業への比重は増す傾向にあったが、その投資重点は輸送と貿易であった。これは日本と満州との経済関係を特徴づけてもいた。

さて、入江昭は、日本にとって戦争回避が可能な時点が何度もあったことを指摘している。にもかかわらず、なぜできなかったのか。先にみたように、太平洋戦争をめぐっては三つの立場（日本側・中国側・欧米側）があった。そして、これらはいずれも底流において、当時の世界的力学と深く結びついていた。

この世界的力学とは、一九二一年一一月から翌年の二月にかけて、米国大統領の呼びかけで日本や中国、太平洋地域に植民地権益をもつ欧州諸国（英国、フランス、イタリア、オランダ、ベルギー、ポルトガル）が集まり、太平洋地域の戦後秩序を成立させたいわゆる「ワシントン体制」であった。

ワシントン体制は、第一次世界大戦で疲弊した英国やフランスなどに代わって、米国が主体となって軍縮を成立させることで、アジア地域の権益調整をとりあえずは行った結果であったといえよう。入江は、ワシントン体制との関係において日本の立場をつぎのようにとらえる。

「一九三〇年代中頃から徐々に大国間関係の再編成が始まると、中国は日本の侵略に単独に闘う必要がなくなる。中国側に立つ国が次第に多くなり、一九三〇年代末期には米国、英国、オランダ、フランス、ソ連等、日本の拡張に批判的な諸国間に非公式な結合が生じる。これは日本に代わってソ連が参加したワシントン体制の修整版だったともいえる。この流れに逆らおうと、日本はソ連の離間を試み、ドイツ及びイタリアとの同盟関係に入る。……この孤立から抜け出す唯一の道はワシントン会議体制に戻ることであったろうが、中国とソ連がこの体制の中に組み込まれている今となっては、これは不可能に近いと思われた。その結果、アジア・太平洋で新たな体制を樹立すること以外に列国の束縛から抜け出す道はないと考えて、日本は先制攻撃に出るのである。それは新秩序と国家の存立を賭けた戦いであった。……しかしながら、太平洋戦争の結果は、旧体制の中での日本の生存もまた可能であったろうことを示すのである。」

問題は旧体制とは何であるかである。それは、明治維新以降、近代化を目指してきた日本の旧体制なるものが、どの時点までを健全なものであったとみなすかという問題でもある。なぜ、日本の近代化は孤立の近代化ではなく、アジアとの共生という歴史的文脈の下での近代化にはなり得なかったのか。

共生化と連帯

日本とアジアの共生を考えるには、それぞれの国がもつ近代化の孤立性（＝特徴）と連帯性についてとらえておく必要がある。たとえば、日本と中国の場合はどうであろうか。

中国史研究者の溝口雄三は、先に紹介した竹内好の近代化論が抽象的であったことに対し、近代化のより具体的な構図を示している。溝口は、西欧の衝撃——いわゆるウェスタン・インパクト——がアジアの近代化を外圧的に進めたとしても、本質的には東アジアにおいても一七世紀には内発的な近代化への動因があったとみる。

つまり、西欧の衝撃は、東アジアの内発的近代化を補正あるいは助長したのであって、西欧の外発的な衝撃だけが東アジアの近代化を押し進めたわけではないとする。

この見方を、日本と中国に当てはめた場合、問題は、なぜ、異なる二つの近代化の「かたち」を生んだのかという点にある。すなわち、日本での地方分権型封建領主制の崩壊と中央集権型近代化の成立と、中国での中央集権的王朝の崩壊と地方分権型近代化の成立という対照的なかたちである。この背景にある内発的変化の底流を、溝口はつぎのように対照的に描き出す。整理しておこう。

(一)日本〈士農工商の職階制・世襲制〉→中国〈科挙官僚制・非世襲制〉。
(二)日本〈長子相続性—家産の安定的継承〉→中国〈均分相続制—財産の細分化・流動化〉。
(三)日本〈私有財産制意識の確立・職業意識〉→中国〈宗族制・宗教結社による相互扶助、共有〉。
(四)日本〈武士の次男・三男による知識階層の形成〉→中国〈工(技術=末技)の軽視〉。
(五)日本〈農家の次男・三男の農村からの流出=都市の形成〉→中国〈儒教の「万物一体の仁」による「専制」否定、伝統的な「均」思想〉。

ここから導き出されるのは、中国の近代化が、近代化=資本主義化という構図ではなくて、社会主義化ではなかったのかという論点である。溝口はつぎのように述べる。

「私は、世界の歴史を先進・後進といった縦の序列で論ずることに反対である。日本が資本主義の道を選び、中国が社会主義の道を選んだのは、十七世紀から十九世紀までの、つまり西欧のアジア侵入がある以前からの両国の歴史過程、社会システムが、それぞれその道を選ぶのに適していたからにすぎない。……中国にはもともと社会主義的な土壌が明満の社会システム、生活倫理、また政治の統治理念として存在していた。……目を十九世紀以降のマルクス主義の世界的運動という視野からずらして、十七世紀以降、中国大陸で進行した歴史過程に着目して見ると、中国のいわゆる社会主義革命の土台であったことに気づかされる。」

このように近代化の内実を単なる先進・後進という時間差でとらえるのではなく、もともと異なる型をもつものとしてとらえると、日本と中国との共生化と連帯は可能であったのかどうか。溝口はこの「先進」と「後進」という視点について、つぎの三つの問題点を指摘する。

(一)時間という尺度――「日本人が明治維新以来、西欧近代文明を先進とし、中国の近現代社会の様相を後進とする視点に慣れていたこと。」

(二)知識人の近代化意識――「日本の明治以降の近代主義的知識人自身が、陳独秀らと同じく、日本の家族制度、農村の地縁的共同体などを封建的遺制と見なし、個人の主体性、自我の尊重などを『文明』価値と見なしてきたこと。」

(三)戦中の日本ファシズムの後遺症――「第二次世界大戦時の天皇制的・全体主義的ファシズムの経験が、戦後の日本知識人に、国家・社会・集団への献身や社会道徳とか自己犠牲、共同体的連帯などの諸価値に対する懐疑や嫌悪感を抱懐させていたこと。」

最初の点についてさらにいえば、西欧的近代化モデルの時間的先行要素であったルネサンス、宗教革命、市民革命、そして産業革命の経験なくしては、近代化は困難であったのか。果たして、日本で宗教革命や市民革命があったのかどうか。このことは当然問われて良い。

中国と日本の近代化が、日本の帝国主義的膨張という孤立した近代化のかたちをとり、貿易関係などで共生するかたちをとらなかったことは、日本の分不相応の朝鮮や台湾の植民地経営論とも相まって、満州とは日本の近代化にとって何であったのかという問いを浮上させる。

日本近現代史研究者の加藤聖文は、『満鉄全史―「国策会社」の全貌―』で、溝口の四つめの視点に関わって戦後における日本の近代化思想へ十分に目配りした上で、戦前の近代日本の満州経営に反映された「近代」なるものの空虚さについてつぎのように問題を提起している。

「日本の近代はある意味において満州を抜きにして語れないものだが、……残念ながら近代の日本が国家と指摘した国策は、場当たり的なものでしかなく何の統一性もなかった。……こうした日本がかかえる根本的な問題をわれわれの前に指し示してくれる具体的な象徴が、国策を遂行する機関として生み出された国策会社であり、その最たるものが満鉄だったといえるだろう。」

満州とは日本にとって何であったのかの問いは、「満鉄とは何だったのか」という問いでもある。満鉄と密接に結びついていた満州国とは、日本にとって何であったのかという問いでもある。それはさらに満州とは中国、ロシア――後にソ連――、英米諸国にとって何であったのかという問いでもある。

日本は満州をめぐって孤立を強めていった。この孤立を脱し共生関係を築くことによって、中国との関係を相互互恵的なものに転じる可能性があったとすれば、先述の入江昭の指摘のように、「孤立から抜け出す唯一の道はワシントン会議体制に戻ることであったろうが、中国とソ連がこの体制の中に組み込まれている今となっては、これは不可能に近い」ものであったとしても、その代替策が泥沼化した中国との対立のなかでの対米戦争ではなかったことだけは確かであった。

国際政治学者の三輪公忠は、「満州をめぐる国際関係――一九世紀末から二〇世紀前半にかけて――」で、当時の国際社会の中で日本が目指した近代化の帰結としての「一等国」扱いの地歩を、自ら破壊するような行動になぜ出たのかについて、幣原喜重郎（一八七二～一九五一）や松岡洋右の外交にかかわらせてつぎのように分析してみせる（藤原書店編集部編『満州とは何だったのか』所収）。

「幣原はヴェルサイユ条約が作り出した国際連盟という『会議外交』の時代にありながら、列強の干渉を嫌い、中国＝満州の特殊事情に鑑みて、当事国同士の『二国間』外交で切りぬけようとしたが果たさなかった。松岡は……アメリカの『自由貿易主義＝中国の門戸開放政策』という、アメリカ『文明』の権力的拡張主義の勢いを、アメリカ発の経済大恐慌の中で『全体主義』こそ歴史の必然と読み違えた。」

こうした歴史的文脈では、英国型の帝国的権益主義を模した近代化路線の二十世紀的帰結であった満州などへの膨張主義――三輪の「国際政治学」的表現では「帝国国家」としての欧米型の「国民国家」建設という国家目標――は、一九世紀型の帝国主義的近代化であった。日本は「大東亜共栄圏」＝特殊権益＝ブロック経済圏にこだわることで、米国型のグローバリズム＝自由貿易主義に基づく権益主義と真正面からぶつかり合うことになったのである。

では、このような近代化の帰結は、第二次大戦後の日本にどのように継承あるいは忌避されたのであろうか。この点に関して三輪は、「敗戦後は『平和とは別の手段を盛り込んだ政策の継続である』として、特殊日本の価値を盛り込んであったはずの『大東亜共同宣言』などを再確認し、戦前と戦後の国家としての連続性に則った再出発がありえたはずだった。しかし東京裁判が、そのありえたかも知れない日本の国家としての責任の取り方をブロックした。アメリカを中心とする連合国による極東軍事法廷という『文明の裁き』のもとで、戦前の日本は全面否定され、『国体護持』という『名』における天皇の免責だけが残った」と指摘する。

三輪が問題視するのは「裁かれたのは日本の拡張主義であり、それを支えていた国体論を核として特殊日本主義」という点であって、近代化そのものがもつより本質的な問題ではなかったことである。わたしも強くそう思う。

歴史的にみて、近代化には孤立と共生の二つのベクトルがあるのであって、それは偏狭なナショナリズムと開放的なグローバリズムのエネルギーに転化する。それは、むかしもいまもそうなのであって、時に近代化のエネルギーは孤立と共生、ナショナリズムとグローバリズムのぶつかり合いを招くのである。

このように日本の近代化をとらえると、つぎのような三輪の「歴史にもしがあるとするならば」の推論は十分に魅力あるものである。

「日本の指導者は歴史の勢いを読み間違えたのではないか……ハリマン(*)が満鉄を日米の合併事業にしようといったとき、これをアメリカと日本のナショナリズムの鍔ぜり合いなどと思わず、資本と技術の地球化の必然と捉えることができたのではないか。そしてもし日米合弁を通して、満州の国際化が進んでいたならば、たとえ『満州国』として独立しても、その門戸が開かれている限りアメリカは文句を言わなかったのではないか。」

＊エドワード・ハリマン（一八四八〜一九〇九）――米国の鉄道経営者。株式仲買人から身を起し鉄道業に進出し、一八九三年にユニオン・パシフィック鉄道の買収に成功し、その後も鉄道会社の買収を通じて米国の鉄道王といわれるようになった。アジア進出にも積極的で南満州鉄道の買収にも意欲をみせた。

三輪がこのような「もし」論を展開したのは、現実に、当時、鮎川義介（一八八〇〜一九六七）などによる米国からの外資導入の動きが活発化していたからだ。改めてそのような視点から、日本とアジア、そして米国――欧州諸国も――をとらえ、戦前の歴史文脈における近代化の構造がどのように現在に継承されてきたのかという点を探っておく必要があろう。

第三章　分岐と統合

分岐から統合へ

わたしたちの眼前にある多くの事象は、分岐（divergence）と統合（integration）を繰り返した結果である。日本の近代化もまたその例外ではない。日本とアジアとの関係について、この分岐と統合は内因的なものだけではなく、外因的なものによっても促されてきたのである。

日本とアジアとの分岐と統合の歴史を、東アジア史やアジア史のなかでとらえ、さらに世界史のなかでとらえることの必要性はいまさら強調するまでもない。ここ半世紀の日本とアジアとの関係史をみても、それは世界史的には東西冷戦体制という外因性要因の影響を受け、地域的対立のなかで形成されてきたのである。さらに半世紀遡っても、そこには体制的対立とその影響を受けた地域的対立の歴史が形成されてきたのである。

だが、旧ソ連をはじめとする旧社会主義圏の市場経済――資本主義経済体制――への移行によって、かつての社会主義対資本主義というイデオロギー的対立は色褪せたものになり、他方、東アジアで旧社会主義体制下にあった中国、ベトナムなどの経済躍進が地域内対立の姿を変えてきた。

つまり、かつて日欧米といった資本主義圏と旧ソ連・中東欧などの旧社会主義圏に分断された世界市場は、いまや韓国や台湾などＮＩＥＳ諸国といわれた経済圏、タイなどのアセアン諸国に加え、中国やベトナム、ラオス、カンボジアなどを統合して、地球規模——グローバル——の市場が成立してきている。

さらには、貧困の大国とよばれたインド、そして南米ブラジルなどの経済的躍進が注目されるようになった。だが、こうしたなかで、アフリカ諸国や南米諸国の貧困が一層顕著になってきている実態もある。

こうした世界経済の統合状況を世界の工場となった中国の現状からながめると、世界経済の連動性がより一層はっきりすることになる。中国経済の台頭は、世界経済との連動性以上に、東アジア経済との連動性の強まりを抜きにして語ることはできない。

かつて、アジア経済の停滞論が語られ、日本だけがアジアの例外国家としてとらえられ、その孤立した近代化像だけが肥大化した。だが、一九七〇年代には韓国や台湾、八〇年代後半からアセアン諸国や中国の経済発展が加速されはじめると、一国の経済発展が東アジア経済圏、最近では南アジアまでを視野にいれたアジア経済圏というより広域の、統合された地域内の相互関連のなかでとらえられるようになってきた。

もっとも中国を抜き出してとらえれば、古代のほうが近代であったと考えられないこともない。ここで近代というのは世界経済との連動性の高い経済圏の成立という意味においてである。かつて中国を中心とする「環シナ海交易」圏は銀を共通貨幣として成立し、日本もまた江戸期のような鎖国国家ではなく、開放された国家としてアジア各地に日本人町が形成され貿易の出先となっていたのである。

この背景には、欧州諸国——絶対王政体制——がアジアへの航路を開拓し、香辛料や茶、絹や木綿などの繊維製品、陶磁器などを求めてやってきたことがある。だが、やがて、アジア諸国が植民地化されるにしたがって、そうした環シナ海交易圏は欧州の産業革命を支えるものとなり、日本や朝鮮などは国を閉じることになる。

やがて、アジアは欧米主導の経済体制に組み入れられるようになる。アジアは統合から、それぞれの宗主国の利害を中心に分岐されていく。この歴史的推移では、アジアは域内貿易を通じての統合から、植民地化により分岐し、さらに工業化を通じて再び統合へと向かってきたことになる。

ただし、東アジアについてみれば、植民地化によってそれぞれの宗主国を通じて世界市場に連動していったとはいえ、東アジア域内との相互性も維持されたとみてよい。経済学者の杉原薫は『アジア間貿易の形成と展開』で、一九世紀後半からのインド、東アジア、中国、日本の地域間経済関係を貿易面からとらえ、「一八八三〜一九一三年の間にアジア間貿易成長率がアジアの対欧米貿易（とくに対欧米輸出）のそれよりもかなり高かったという事実はおそらく動かないだろう」と実証的にとらえている。

そして現在である。現在が過去からの連続的つながりであるとすれば、かつて欧米諸国の工業化を支えるために強制されたアジアの近代化の底流にあったアジア経済圏は、欧米諸国と日本などの直接投資を梃に一層緊密なものになり、さらにはさまざまな問題を抱えながらもアジア各国が自立性を獲得することで緊密さを増してきたのである。

統合から分岐へ

アジア経済圏の貿易を中心とした循環構造は、第二次大戦、より正確には第二次大戦後の冷戦構造のなかで、中国やインドシナ半島の諸国、インドが米国などと対立を鮮明にしたことで、統合から分岐へと向かった。

そうしたなか、分岐された諸国のうち、韓国、台湾、香港、シンガポールが輸出工業化を通じて経済成長を達成していく。これらのアジア諸国は経済開発協力機構（ＯＥＣＤ）の報告書（一九七九年）のなかで、当初、ＮＩＣｓ（Newly Industrializing Countries）――のちに、中国の国際社会復帰による台湾問題への外交的配慮からCountryからEconomyへと変更され、NIEs; Newly Industrializing Economiesと呼ばれるようになった――と呼ばれたが、その後先のアジア四ヵ国だけではなく、中南米のメキシコ、ブラジル、アルゼンチン、欧州のスペイン、ポルトガル、ギリシアの一〇ヵ国を総称した。

なぜ、国内人口が多く成長が期待された中南米などの諸国が成長グループから抜け落ち、アジアグループが狭隘な国内市場にこだわらず、輸出工業の育成を中心に工業化をはかることで経済成長を達成していったのか。この点についてはすでに多くの研究蓄積がある。

たとえば、国内の豊富で質の高い低コスト労働力の存在、冷戦構造の中で積極的に開放された米国市場、日本からの資本財や中間財などの供給体制などがその代表的な見解である。だが、このうち、低コストというならば、中南米でも存在したわけであるし、また、キューバなどに代表される親ソ社会主義路線の拡がりに対抗するうえで米国市場は中南米諸国にも当然ながら開放されていた。

だとすれば、東アジアのＮＩＥｓ諸国にむしろ有利に働いた点は、労働力の質――熟練度や専門知識を含め――といった点や、生産設備などの資本財や工業用原材料、自国の製品品目の品質維持や生産ラインに適合した中間財などが日本から容易に輸入できたことである。後者については、従来の研究では見逃されやすかった点であるが、わたし自身は非常に重要ではなかったかと思っている。

この点について、韓国経済を中心にアジア経済の発展を分析してきた谷浦孝雄は「東アジア工業化論」で、「ネットワーク型分業の創出」と「国際的下請」という視点からより広義につぎのようにとらえる（東アジア地域研究会・中村哲編『現代からみた東アジア近現代史』所収）。

「アジアＮＩＥｓの輸出産業における資本家機能には、先進国の通常のそれに見られなかった特徴がある。ネットワーク組成機能がそれであるが、……それはアジアＮＩＥｓの輸出産業自身が国内での完結性を著しく欠き、国際的な諸取引に支えられて存在してきたことの反映である。……アジアＮＩＥｓの輸出産業は、『自力で』つくりだした競争力を基礎として商品を世界市場に投入するというよりも、国際的なネットワークに編入されることを通じて競争力を『組成』したのである。……このような『ネットワーク型分業』を新たに創出することによって、先進諸国の大企業中心に形成された広範な国際分業の世界に自らの立地を確保してきた。これこそがアジアＮＩＥｓ企業家に固有の機能だった。」

と同時に、こうしたネットワーク型分業を可能とさせた先進国側の外交・経済的条件があったのである。この問題については、二つの側面がある。一つは開発独占体制に関わる点である。いまでこそ、米国は人権などの点から民主化を強く主張するが、当時にあっては独裁政権による輸出工業化を強く支持した外交政策を展開していた。二つには、アジア諸国からの輸入によって国内関連産業が影響を受けたものの、当初は産業構造の転換によってその影響を軽微とすることができたことである。むろん、現在はこの点が大きな問題となっている。

前者の点は、冷戦構造のなかのドミノ理論としてとらえられたことでもある。逆説的ではあるが、民主主義を標榜する米国政府は、お世辞にも民主主義政権とはいえない、むしろ古典的な独裁主義国家であるアジア諸国が旧ソ連や中国などの社会主義圏へとドミノ的に組み込まれていくのを防止するために、彼らを軍事的にも経済的にも支援した。

後者の点について言えば、そうしたアジア諸国の輸出型経済発展を支えるためには米国国内市場の開放が必要であり、また、米国製造業が労働集約的産業から資本集約的、さらには知識集約的産業へと移行することで、米国市場はアジアから労働集約的消費財をブラックホールのように吸引し、アジアＮＩＥｓ、後にはアセアン諸国の輸出型産業に大きく成長させる機会を与えることが可能であった。

もちろん、アジアＮＩＥｓは労働集約的産業から徐々に資本集約的産業へと移行し、かつての日本と同じように米国製造業との摩擦問題を引き起こしていったが、他方で米国が脱製造業とサービス経済化——金融経済化も含め——することで、この「摩擦熱」が弱められた。

米国では、国内総生産に占める製造業の割合は一九四七年に約二八％で、この割合は一九六〇年代を通じてそう大きくは変わっていない。だが、一九七〇年代に割合を低下させ、一九八〇年代はさらに低下させた。ただし、この脱製造業化は産業部門によって大きく異なった。

米国製造業において、かつて出荷額や雇用数がもっとも割合の高かったいわゆる「生活関連」産業分野——食品、繊維、衣服、家具、雑貨など——は一貫して低下しつづけ、代わって加工組立産業分野——金属製品や機械など——は上昇してきた。他方、日本や欧州諸国、そして韓国や台湾などは労働集約的な生活産業分野を、中国を含む他のアジア諸国へ移しつつ、加工組立産業へと主力輸出産業をシフトさせることによって、米国の脱製造業化をさらに促してきた。

米国経済とアジア経済との製造業における競合性は、昭和六〇〔一九八五〕年のプラザ合意による米ドルをめぐる通貨調整で、日本産業のアジア向け直接投資を連続的に増加させ、このことで、日米経済関係は、日本・米国・アジアという、より多角化し統合された地域関係のなかで新たな展開をみせた。

こうしてみていくと、米国の脱製造業とアジアの世界の工場化が、米国と日本——後には欧州諸国やアジアＮＩＥｓ諸国も——のアジア地域への直接投資と間接輸出の割合を高めながら進展し、多国間にわたる分業体制に支えられたアジア太平洋経済圏が成立していったことになる。そして、アジアの世界工場化を象徴しているのが中国である。

第二次大戦後の世界は、イデオロギー対立と軍事対立を軸とした東西冷戦構造のなかで、それぞれの経済体制が成立してきた。その後、分岐されてしまった諸国間の地域統合を促す試みが軍事同盟などの政治外交というかたちで、あるいは、貿易など経済外交のかたちで行われてきた。結局のところ、そうした実質的な地域統合のモーメントは、中国などの積極的な外資導入政策によって産み出されることになる。資本の越境性という本質がいかんなく発揮されるようになったのである。

中国の世界経済への「復帰」は、外資導入によるモーメントが大きかったにせよ、そのモーメントは中国経済の大きな潜在的エネルギーを引き出し、現在では世界経済に大きな影響力をもつようになっている。中国の世界経済における位置の大きさは、その貿易関係に集中的に表れている。中国側の統計——中国商務部資料――から現在の世界貿易をみてみると、そこにいくつかの特徴がみてとれる。

一つは中国とアジア域内との分業関係が緊密であること。中国は日本、韓国、台湾から資本財や中間財を輸入し、こうした諸国には消費財などを輸出しているが、貿易収支からすれば、赤字となっている。また、アセアン諸国との関係では、水平分業のかたちである程度貿易収支の均衡をはかっているが、日本や韓国などとの貿易収支の赤字を補てんするまでに至ってはいない。

二つめは米中と中欧との関係である。中国のアジア域内の貿易不均衡を補っているのが、欧州向けと米国向けの輸出である。他方、輸入では欧州からが米国からよりも圧倒的な割合を占める。米国からみて米中間の貿易赤字は中欧間よりもはるかに大きくなっている。

三つめは中国の貿易収支は、その輸出を日米欧に約七割依存しつつ、毎年膨大な貿易黒字を確保してきていることである。

さて、歴史が示唆するところでは、地域間あるいは諸国家間のさまざまな事象は統合と分岐を繰り返しつつ、新たな統合がはかられる一方で分岐をも生み、統合と分岐の総合作用の中でさらなる統合が起きてきた。例えば、それは欧州諸国における欧州連合（European Union）の歴史そのものであったし、過去における米国を中心とする南北アメリカの連合化の動き――アメリカ・カナダ・メキシコの三ヵ国によるＮＡＦＴＡ（北米自由貿易協定経済圏、North America Free Trade Agreement）を除いてうまくいっているとはいえないが――でもあった。このような動きは、アジアでも活発化してきているが、そうしたなかで、統合への動きはどのようなかたちで進展していくのだろうか。

統合から統合へ

国を超えた地域の統合は可能であるのか。さらに地域を超えた統合は可能であるのか。前者についてアジアの動きを振り返れば、先にみた貿易関係の緊密化がまずは関税撤廃による、二国間の自由貿易圏の成立を促してきた。

自由貿易圏ということでは、欧州や北米・中米での試みが先行してきた。とりわけ、欧州ではかつてイデオロギー対立のなかで分断されていた中東欧諸国も欧州連合に参加し、参加国は三〇ヵ国に近くなってきた。外交官出身の谷口誠は『東アジア共同体―経済統合のゆくえと日本―』で、現状をつぎのように指摘する。

「日本が、このような地域化に消極的であったこともあり、東アジアには、近年きわめてダイナミックな経済発展を遂げ、二一世紀の世界経済の発展のセンターと目されているにもかかわらず、ごく最近まで、地域の機運がみられなかった。世界で地域化が拡大し、進化していく中で、北東アジアでは、日本、中国、韓国の三経済大国がいずれの経済圏にも属さず、この地域のみがポッカリと穴が開いたような印象を受ける。これら三大経済大国が協調し、ＡＳＥＡＮと一体化した『東アジア経済共同体』を育成していくにはどうすべきか。」

谷口が提唱する東アジア経済共同体の有力メンバーとなるべきアセアン（ASEAN, Association of South East Asian Nations）の歴史にふれておくと、この前身として、一九六一年に当時のマラヤ連邦――一九六三年にシンガポール、北ボルネオ、サラワクが統合しマレーシアが成立、一九六五年にシンガポールがマレーシアから独立――が中心となり地域協力を目的として、タイ、フィリピンとともに東南アジア連合（ASA,

Association of South Asia）を結成し、一九六七年には、シンガポールとインドネシアが加わり、アセアンとなった。その後、一九八四年にブルネイ、一九九五年にベトナム、一九九七年にミャンマーとラオス、一九九九年にカンボジアが参加した。パプアニューギニアと東チモールがオブザーバーとなっている。加盟国の総人口は、二億人を超えるインドネシアの参加もあり、欧州連合やNAFTAよりも多くなっている。反面、経済圏の総規模は、インドを上回る程度である。各国ごとの経済規模をみると、シンガポールと、ベトナムやカンボジアでは、一人当たり国民所得でかなりの格差がみられている。

このようなアセアンが目指す地域協力は、当初の外交協力からやがて経済協力へと移ってきたのであるが、一九九七年のタイバーツの急落(*)から始まった「アジア通貨危機」は、アジアでの経済協力のあるべき姿を模索させた。通貨危機はタイ、インドネシアだけではなく、韓国などへも波及した。不安定な短期資本に依存した経済発展のあり方と通貨危機がアジア域内経済圏にたちまち大きな負の波及的影響を及ぼしたときに、通貨危機への経済協力——緊急資金の提供など安全弁の作用——がどうあるべきであるかという課題を突きつけた。

*それ以前に、タイの経常収支の赤字幅は拡大しており、これを危険視した外国投資家はタイから資本を引き揚げはじめ、タイバーツは一九九六年から不安定化し始めていた。タイの通貨当局は為替市場に介入しバーツの急落を防ごうとした。バーツは対ドルペッグ（固定性）を維持できなくなり、フロート制へ移行し、バーツは国際金融市場で売られ暴落した。この動きはマレーシア、インドネシアや韓国にも広がった。

このアジア通貨危機はアジア経済圏なるものの本質について多くの論議を浮上させた。アジア経済圏と他の地域経済圏との、製造業における部品・完成品分業連関や貿易連関だけではなく、短期資金——証券などへの投資だけではなく、通貨などへの投資やキャリートレード(*)も含め——の移動を中心とした脆弱な関係などの問題も同時に明らかになったのである。なぜ、タイの通貨危機が欧米諸国などの、アジアからの短期資金の引き揚げにつながったか。わたしなりにその背景と結果を整理してみる。

＊キャリートレード——金利の安い通貨で資金調達し、それを金利の高い通貨で運用することで「利ザヤ」を生み出そうという投資方法である。これにはリスクが当然ながら生じる。調達先通貨と自国通貨との為替相場の変動であり、為替差損がその利ザヤ以上に大きい場合もある。また、自己資金でこのようなキャリートレードをやっている分には問題は小さいが、自国や投資先の金融機関から資金調達を行っている場合に差損が生じた場合、その影響は世界的に波及することがヘッジファンドの事例ですでに明らかになっている。

(一)アジア経済異質論——アジアの通貨危機は、アジア経済やアジア企業の「閉鎖性」——文化的特性も含め——論をグローバル経済論との関係で浮上させ、欧米諸国とは異なるアジア諸国の経済・社会構造のあり方が問題視されるようになった。アジア諸国においては、欧米諸国の投資家に対して投資情報などが十分に開示されず、金融証券制度を含む経済制度がグローバルスタンダードとかい離しているために、短期資金の引き上げの根拠とされた面も否定できない。

(二)米国型経済体制——米国経済のサービス化——とりわけ、金融部門の肥大化——の象徴はヘッジファンドである。ヘッジファンドはあくまでも私的な投資——投機性がきわめて高い投資であるが——基金であって、いまでこそその規制などが論議され始めたが、金融証券当局への情報開示なども不十分である。アジア通貨危機に端を発したＬＴＣＭ(*)(Long Term Capital Management)の破たんで、米国内外から集められた投機資金の巨額さとその影響の大きさが認識されるにいたった。

(三)世界経済のなかのアジア経済——アジア経済の世界経済に占める位置は中国の継続的高度成長によっ

て高まった。さらに、今後、アジア域内の貿易の高まりで、その位置は一層大きな比重をしめるようになるであろう。アジア通貨危機によって短期資金が引き上げられた後に、中長期資金が欧米経済圏から戻ってきたことを考えると、世界経済の牽引車としてのアジア経済は、今後は単に世界の工場としてだけではなく、むしろ消費市場としての影響力が強まりつつある。

＊ＬＴＣＭ――一九九四年設立。ソロモンブラザーズの債券トレーダー、米国連邦準備制度の高級官僚、ノーベル経済学賞の経済学者たちが役員であり、米国内外の個人投資家や機関投資家から巨額の資金を集め、各国の割安な債券などへの投資、金利スワップ取引、株式などを組み合わせ、コンピュータを通じて可能となった頻繁な売買を繰り返し、当初はきわめて高い利回りを投資家に保証していた。だが、アジア通貨危機で莫大な損失を計上し、投資家が資金を引き揚げ始め苦境に陥った。ＬＴＣＭが破たんした場合、世界各国の金融機関への影響が大きすぎ、「大きすぎて潰せない」なかで、ニューヨーク連邦準備銀行などの主導によって救済策が実行された。

（一）の点については、日本の経済・社会構造が、日米、日欧の貿易摩擦が外交問題化した際に浮上した先行事例がすでにある。一九七〇年代から繰り返されてきた文化障壁論議であるが、韓国や台湾などの台頭、さらにはアセアン諸国、中国などの興隆によって、米国的制度との比較が「グローバルスタンダード」＝イデオロギー(＊)という軸を中心に展開していくことになる。

＊イデオロギー――イデオロギー発生のメカニズムについてはつぎの拙著を参照。寺岡寛『経営学の逆説―経営論とイデオロギー―』税務経理協会、二〇〇七年。

（二）の点は、米国経済の脱製造業化とサービス化の方向性が、自由な貿易体制と自由な資本移動を前提に再構築されたことの反映である。貿易と資本の自由体制はドルと他国通貨の変動相場制に基づいており、米国政府の経済外交は他国に対して資本取引規制や管理為替制度の撤廃要求を軸に展開してきたといっても過言ではない。

豊かな国としての米国は、他方において世界最大の債務国でもある。豊かであるとされる米国という国家は、「借金」能力において成立しているのである。つまり、この構図は、米国へ外国からの資本がつねに円滑に流入し続ける体制なくしては成立しえないのである。

この体制は、一つには米国の国内通貨であるドルがそのまま世界通貨であることが制度化されていること、二つめには、ドルが世界通貨であることによって、世界からの資本がいったんニューヨークなどの金融市場に流入出するため、米国が国際取引の場となっていることに拠っている。米国民に銀行に貯蓄するだけの十分な預金がなくても、世界の人たち――もちろん、直接的ではないが――が米国の金融機関に国際取引や為替資金のための資金をプールしてくれているのである。米国の金融機関はすくなくとも短期的には、そうした資金を運用することができるのである。

米国を中継するドル資金の自由な移動は、米国経済体制にとって不可欠となっている。反面、ドルを基軸通貨として米国経由の資本取引を促進するにはドルの安定化政策が不可欠となる。そのために、米国の経常収支の赤字を解消させる必要があるが、これを貿易収支の面ではかることは脱製造業化の米国経済にとってきわめて困難なのである。中国を中心とするアジア諸国からの安価な日常製品の輸入によって米国民の実質所得を向上させつつ、サービス収支面での改善をはかることが、とりわけレーガン政権以降の米国政府の政策といってよい。

ドルの対タイ通貨為替については、ドル安の影響を一律に論じることは必ずしも容易ではない。ドル安は米国製造業の輸出競争力を高める方向に働くが、輸出商品として米国製品のなかで優位を保っているのは軍事や先進ハイテク製品――とりわけ、ソフトウエア分野――など一部であって、かつて米国輸出製品の中核であった中間財や資本財の海外生産――外国資本への委託生産も含め――によって、その米国国内における存立基盤は弱体化している。他方、ドル安は米国の輸入物価を引き上げ、米国民の実質所得を引き下げる可能性が高い。また、米国へ企業買収というかたちで外国資本の流入を促すことになる。

だが、ドルの下落などによって損失をより敏感に被るのは米国以外の企業や対米投資家であって、米国側においてドル安是正の感度は決して敏感なものではなかった。この点において、欧州連合の統一通貨ユーロの意義が加盟各国において大きかったように、アジアにおける統一通貨と、ドル体制へリスクヘッジしたかたちで通貨危機の際の安定化装置となり得るアジア通貨基金――統一通貨がない現状では各国通貨のバスケット方式を採用して――の必要性は高まってきているのである。

こうしたアジアの共通通貨は、日本や中国、韓国、台湾などの外貨準備が米国債への投資によって米国へ還流してドル体制を支え、財政赤字を補てんしてきた従来の構造に大きな影響を与えることになる。米国がアジア通貨基金などに対して必ずしも好意的な態度を示してこなかった背景にはそのような構造があることはいうまでもない。

㈢の点は、従来の化石燃料などのエネルギーに加えて、鉱物資源や中間財の消費だけではなく、最終消費財などの消費においても言えることである。アセアン諸国や中国でどの程度の中間所得層が形成されるかにもよるが、確実に、今後、製品の消費市場としてアジア諸国の国内市場は拡大する。アジア域内の製品市場の拡大は、アジア経済圏をさらに発展させていくことになる。

アジア経済圏の拡大は、アジア域内における諸国家間の利害調整をめぐる政治的対立と同時に共通理念の形成を促すに違いない。むろん、この過程が円滑に進行するとは思えない。そこには過去の日中間のイデオロギー対立やそれぞれのナショナリズム、アジアの安全保障問題、エネルギー開発をめぐる利害などさまざまな課題が横たわっている。

統合と統合の間

欧州連合の成立史が示唆するところは、地域統合に必要な制度の共通化には途方もない時間と知的エネルギーが費やされる必要があることである。米国の経営学者メアリー・フォレット（一八六八〜一九三三）は、一九二〇年代に展開したリーダーシップ論のなかで、利害対立——コンフリクト——を取り上げ、リーダーが問題解決に当たって何をなすべきかを探り、リーダーシップのあるべき姿を論じた。

フォレットは「建設的コンフリクト」という論稿で、コンフリクトとは「相違」（difference）があることを認め、互いに協働することで新たな統合原理を探り当て、統合の目的を明確化することで真の統合的解決策を求めうることを示そうとした（グラハム編『M・P・フォレット—管理の預言者—』所収）。フォレットはいう。

「コンフリクトは戦いであると考えないで、相異、即ち意見の相異、利害の相異が表面に出たものであると考えることである。というのはコンフリクトの真の意味がそうだからである。コンフリクトは相異（difference）という意味である。コンフリクト——即ち相異——は、現にそれを避けることのできないものとして存在する。……コンフリクトを悪であるとして非難するのでなく、逆にコンフリクトをしてわれわれのためになるように働かせるべきである。」

フォレットはコンフリクト処理のために、つぎの三つの方法論を具体的に提示している。

(一)抑圧（domination）――「抑圧は、明らかに一方の側が相手側を抑圧することである。コンフリクトを処理するには、これは容易な方法である。だが、長期的に見ると成功しないのが普通である。このことは第一次大戦以来のいろいろの出来事から理解できる。」

(二)妥協（compromise）――「紛争を終える方法として、一般に、妥協は満足すべき方法であると認められている。しかし、実際には妥協を望む者はいないはずである。というのは、妥協は何かを放棄することを意味するからである。」

(三)統合（integration）――「二つの異なった相対立する欲望が統合されるといった場合には、その二つの異なった欲望がそれぞれ満たされ、いずれの側も何一つ犠牲にする必要のない解決方法を見出したことを意味する。」

たしかに、フォレットの指摘のように、物事の解決には三つの方向性がある。一つは支配・従属関係による一方的な抑圧である。だが、これは統合の前提となる平等性の原則に合致しえない考え方である。抑圧という一方的支配は反発を生み出し、安定した解決策につながらないのである。帝国主義と植民地化で示されたアジア史やアフリカ史において、わたしたちはそれを抑圧と言い得ても、統合とは言い得ないのである。

二つめは参加国間における妥協である。だが、それは短期的な統合策でありえても、やがてそれぞれの不満がかたちを変えあらわれる可能性を決して消し去ってはいない。

三つめの統合について、フォレットはさらにつぎのように指摘する。

「建設的になり得たのは、妥協に終わらないで、統合の方法を求めたからである。妥協は何も創造しない。要するに、妥協はすでに存在している物ごとを取り扱うにすぎないからである。ところが、統合は何かを新たに生み出す。……ただある特定のコンフリクトが解決されると、次のコンフリクトがもっと高い水準で発生するものである。」

日本を含むアジア諸国の多くは、欧米諸国のアジア侵出によって、彼らの近代化論理による、彼らを中心とする地域統合化にどのように対処するかを迫られた。アジア各国の近代史とはまさにこの点をめぐって展開してきたのである。アジアもまた自らの近代化を迫られたのであるが、そこにはフォレットの指摘のように、三つの方向性があった。

歴史的事実としてのその一つは、アジア諸国の植民地化という強制された近代化であった。その内実は支配・従属関係による抑圧であった。二つめは、宗主国の近代化を支える範囲においての近代化の強制であった。三つめは、自らの力による孤立した近代化であった。この図式をアジア諸国に当てはめると、最初のモデルは一七世紀から英国の支配が浸透し始めていたインドなどであり、二つめのモデルは多くのアジア諸国に当てはまり、三つめのモデルは日本ということになる。

しかしながら、日本の孤立した近代化モデルは、やがて他のアジア諸国との共生型の近代化モデルへと昇華はせず、いわゆる帝国主義的近代化モデルへと転化してしまった。そして、いま、アジア経済圏の興隆によって、新たな地域統合と地域間統合が、グローバル化という文脈のなかに位置づけられるようになってきた。それがかつてのような一方的で抑圧的なものでなく、また、さまざまな外交上の妥協を抱えたままのものでもなく、新たな統合原理に基づくものでなければ、地域間統合は安定的なものとは決してなりえない。

ここで富永の近代化概念の四つの範疇にもどっておけば、近代化には「技術と経済の近代化」、「政治の近代化」、「社会の近代化」、「文化の近代化」があった。欧米諸国における近代化は、いうまでもなく産業革命に象徴されたような技術の急速な発達——近代科学の応用——による経済の近代化（＝工業化）によってもたらされ、それは巨大な生産力とそれを支える原料と市場の確保という膨張主義となった。

巨大な生産力は、国内における富の再配分を伴う政治形態である民主主義を生んだが、同時に対外的にはそうした政治を支えるための抑圧的な外交政治を内包させていった。民主政体という政治の近代化は、教育制度に象徴される社会の近代化を生み出し、同時にそれまでの相互扶助的な伝統的社会の価値観を新たな福祉制度といったものへと転化させていった。つまり、歴史的にみて、技術と経済の近代化は、政治と社会の近代化につながり、それまでの社会構造と社会規範を大きく変え、それに代わる制度というものを生み出さざるを得なかったのである。

新たに生まれた世代は、人口構成における旧世代層の低下、農村から都市への人口移動、核家族の増加によって、伝統的社会的価値観や社会の構成原理から自由になるとともに、その保護からも自由になっていく。新しい世代にとって、文化とは家族や地域社会において伝承されるものではなく、学校や役所といった制度を代表する場を通じて感じられるものとなっていく。この意味では、近代化が生み出した諸制度こそが近代化世代にとっての所与の「文化」となっていく。

こうしてみると、近代化はたしかに、アジア諸国の伝統的社会にあった構成原理としての社会的規範を変容させ、経済の近代化に合致するような面において諸国間の共通規範なるものを生み出してきた。ただし、政治原理や社会の構成原理がすべて同一のものに共通化されたわけではない。

経済の近代化はたしかに経済のグローバル化をもたらし、生産分業体制や資本・資本貿易関係の緊密化という面において、わたしたちの経済活動を統合化させてきた。だが、それは社会と文化の近代化と同次元のものではありえない。資本の越境性に深く結びつけられた「制度」は、「思想（価値感）」という文化との相克と対立を通じて、近代化そのもののあり方を政治、社会、そして文化の面において問うことをわたしたちに迫ってくる。いや、長期間において迫っていたのである。

このことへの解答の一つの方向性が、いわゆるポストモダンなるものであるのかどうか。富永は『近代化の理論―近代化における西洋と東洋―』で、グローバル化という流れを意識しつつ、『『ボーダレス化』や『グローバル化』とこんにちいわれているものは、私は近代の終焉として位置づけられるべき性質のものではなく、近代そのものの帰結であると思います」と述べたうえで、先にみた四つの近代化範疇に関連させてつぎのような構図で問題提起して、ポストモダンなるものをより具体的に論じる。

(一)技術と経済の近代化（産業革命）――ポスト資本主義は可能か。

(二)政治の近代化（市民革命）――ポスト民主主義は可能か。

(三)社会の近代化（核家族化、機能集団の成立、村落社会の解体と都市化）――ポスト核家族は可能か。

(四)文化の近代化（科学革命、宗教改革、啓蒙主義）――ポスト合理主義は可能か。

社会主義経済圏の崩落によって旧ソ連や東欧諸国などが世界経済に「復帰」し、まさに経済のグローバル化が促進された実態をとらえると、ポスト資本主義としての社会主義経済体制や、ポスト民主主義としてのかつての社会主義圏の専制主義が、復活するとも思えない。

近代を超えるもの、それはかつてのエネルギー技術や現在の情報技術をさらに超える技術の登場によって、一国の民主主義体制を超える世界共和国というような政治的統合の下で、核家族化を超える個人化という過程を通して、一層の無機質的な合理主義が定着するのだろうか。

富永は、ポスト合理主義の時代について、西洋の近代文化に内在していた合理主義、理性主義、啓蒙主義を「西洋に固有のものです。文化項目の中で最も非合理的と見なされる宗教までもが、合理化の対象であるとされました。……しかし日本を含む東洋の宗教においては、宗教改革をつうじての『呪縛からの解放』は達成されませんでした」と述べたうえで、日本でのポストモダン論が従来と同様に欧州、とりわけフランスのポスト構造主義(*)にとらわれすぎていることを批判する。

＊構造主義――フランスの人類学者レヴィ・ストロースが一九五〇年代に著作『野生の思考』などを通して、社会を構成する諸要素のうち不変なものをとらえようとした。ストロースの構造人類学はそれまでの近代化思考における主体の意思とは無関係のある種の構造から社会構造をとらえようとした。

ポストを「超える」ととらえれば、富永も言及しているように「近代の超克」論が太平洋戦争開始直後に取り上げられ、日本の近代化のあり方とその後のあるべき方向が議論の俎上に乗せられた。富永は「近代の超克」論にふれつつ、つぎのように述べる。

「わたし自身は近代化論者ですから、近代化が終焉すべきであるとか、近代は超克されねばならないなどとは毛頭考えません。わたしは近代化と産業化を、西洋文明としてよりは普遍文明として見ていますので、……この観点に立って日本の近代化を見ると、日本が『脱亜』してきた側面と、日本がアジアの一員であるという側面との両方の視点が、ともに欠かせないということがわかります。日本の近代化の歴史において、西洋化が行き過ぎたあとには、必ずこれを国粋化に引き戻す運動がおこってきました。……いまの日本が必要とするのは、ナショナリズムであるよりは、アジアの観点からのリージョナリズムであります。」

富永はこのように述べて、「アジアのリージョナナリズムの立場からする近代化という新しい視点を、取り込んでこなければならない」と主張する。地域統合がさらなる地域間の統合へと繋がるには、アジア諸国の個別ナショナリズムを超えたアジアの観点からするリージョナルな近代化にかかわる価値観の形成が大きなカギを握ることになる。

ここですこし「近代の超克」論にふれておく。これは、日本の真珠湾攻撃の翌年に、河上徹太郎（一九〇二〜八〇）を司会役として、亀井勝一郎（一九〇七〜六六）、西谷啓治（一九〇〇〜九〇）、林房雄（一九〇三〜七五）等、当時の日本の知識人たちが二日にわたって「近代の超克」をテーマに座談会を行い、それが雑誌『文学界』に掲載されたものである。この座談会の底流にあったのは、河上が座談会の冒頭で述べたつぎのようなことばであった。

「殊に十二月八日以来、吾々の感情といふものは、茲でピタッと一つの型の決まりみたいなものを見せて居る。これはどうにも言葉では言へない、つまり、それを僕は『近代の超克』といふのですけれども、……この座談会の進行には、最初にどうしても西洋の『近代』といふものが問題になると思ふのです。」

この座談会の内容は、戦後になって中国文学者の竹内好（一九一〇〜七七）が取り上げ、そこで西洋的近代化へのアンチテーゼとして展開された近代の超克論について、「戦後は悪玉あつかいされているが、いま読み返してみると、これがどうしてそれほどの暴威をふるったか、不思議に思われるほど無内容である」とこき下ろした。

竹内が問題視したのは、近代の超克論の底流の一つとして見え隠れしていた西洋諸国への対抗思想としてのアジア的近代化なるものが、およそ空虚な内容であった点である。竹内はこの点について、「『アジアの盟主』を欧米に承認させるためにはアジア的原理によらなければならぬが、日本自身が対アジア政策ではアジア的原理を放棄しているために、連帯の基礎は現実にはなかった。一方でアジアを主張し、他方で西洋を主張する使いわけの無理は、緊張を絶えずつくり出すために、戦争を無限に拡大して解決を先に延ばすことによってしか糊塗されない」と指摘した。

先にみたアジア地域の統合は、経済的近代化の帰結としてアジア地域内の経済活動により一層の緊密化をもたらす一方で、政治、社会、文化という側面でもある種の統合が模索されてきた。その場合、わたしたちがアジア的という、それは何を指すのか。アジア的近代化に共通するものはいったい何であるのか。いわゆる西洋的近代化に反発した近代の超克は、そのままアジア的価値観による近代化というもう一つの選択肢であったのか。そうであったとすれば、それは何であるのか。竹内の問いかけはいまも生命を保っているのではあるまいか。

日本思想史家の荻生茂博は、韓国、中国、日本が共有する価値観としての儒教思想を中心にそのような問いかけを続けてきた。荻生は『近代・アジア・陽明学』で、アジア的価値観の共通尺度のように捉えられる儒教思想について、「儒教と西欧的近代化とを結びつける今日の『実学』史観それ自体が、国家を単位とする『進歩』の思想の下にあって、二十世紀的な『大国主義』の発想と無縁ではない」という点に十分に配慮したうえで、三国に共通する「知」として西欧的近代化に立ち向かった儒教思想やそれに基づいた実学思想をとらえなおす必要性を主張する。

荻生は明治期の西欧的近代化に直面していた日本と、韓国、中国との間の儒教を中心とする相互的影響

──当時盛んであった出版物の三国間の流通や人的交流を含め──が忘れさられてしまったことを丹念に掘り起こしている。たとえば、荻生は、日本では漢学的陽明学となった思想が、韓国では一国のナショナリズム的なものではなく、より普遍的な思想に鍛え直されていたことに着目し、つぎのように指摘する。(*)

＊鹿鳴館時代に象徴されるように行き過ぎた欧化政策によって、儒教は日本社会──とりわけ、学校など──から江戸期以来の封建的なものとして政治的に葬りさられたかにみえた。しかし、その後の自由民権運動による自由や平等の政治的要求の高まりと政府の危機感、さらには日本のナショナリズムの勃興とともに、欧化政策や欧化思想が国民から反発をうけることになり、儒教的倫理観は政府の積極的な関与によって儒学的思想を取り込んだ国民規範的な道徳性の強いものとして定着する。この一つの事例は教育勅語でもある。荻生はこの点について、「それ(近代陽明学─引用者注)は西洋国家に伍する『日本国民』の『独立』『自尊』の精神を鼓舞する思想であった。しかし、日清戦争によって軍事的政治的に日本の『近代化』が一応達成されると、『自尊』の思想は西洋(白色人種)へのコンプレックスを払拭しないままに『官』に包摂され、自惚れの精神へと容易に転化していく。……(三宅雪嶺のような─引用者注)日本儒学の主張は西洋よりも、むしろ儒教の本家である中国・韓国に対して、政治的・軍事的圧力とともに矛先を向けていった」と指摘する。荻生茂博『近代・アジア・陽明学』ぺりかん社、二〇〇八年。

「このような事実が東アジアにおける近代ナショナリズムを複雑にしているのであるが、政治的に相対立する日本と韓国・中国のナショナリズムという直接的なイデオロギー性を纏いつつも、それを超えたところに東アジア儒教思想史の一連の展開があったということができるだろう。そしてまた、そのことをもって、近代においても儒教が過去の死物ではなく、生産力のある生きた思想・学問であった証拠とすることができるのである。」

現在、儒学思想は礼儀というわたしたちの日常生活規範の一端となっているが、その思想性に踏み込んで、アジア的価値観にまで昇華させることは容易なことではない。だが、荻生の問題提起のように、東アジアが強制された近代化を経験する中で、「中国・韓国に広まった東アジア近代の学知は『日本化された〈西洋＝近代〉』と『日本的に近代化された〈東洋＝伝統〉思想』」であるという視点は、統合と統合との間にある近代化のあり方をとらえる上で、古くて新しい視点であり続けている。

第四章　国家と地域

ナショナリズム

前章などでふれたが、国家を超える存在として資本の活動を中心としたグローバリズムが地域統合の形成を促してきた。そして、いま、このグローバリズムについて肯定的にも否定的にも語られている。だが、実際のところ、グローバリズムという語感とその新しさだけが飛び跳ね、その内実については百花繚乱である。

「グローバル（global）」とは文字通り地球（規模）のことを指し、「イズム（ism）」とは主義・主張を意味する。こうした字義からすれば、グローバリズムとは地球主義あるいは地球規模主義ということになる。わたしたちの地球ということであれば、自然体系や環境体系は一国の狭い空間範囲で自己完結しているわけではなく、それはまさに地球規模、さらには宇宙規模において一連の完結性をもっていることは自明である。

そのようにグローバリズムが地球は一つという意味で主張されるならば、たしかにわたしたちはグローバリズムを主張しうる。だれしも自分たちの生活が限られた空間を越えた範囲へも影響を及ぼし、また影響を及ぼされているという感覚は情報過多時代となったいまでも、直截的に感じることができる。つまり、わたしたちはそうした感覚を持つことで地球規模主義としてのグローバリズムを首肯し、主張できる。

だが、すべての主義・主張はそこに冠されることばによってその内実が与えられるのであって、グローバリズムということばもその例外たりえない。グローバリズムに環境と地球市民――グローバルシティズン――ということばを冠すれば、地球規模の環境問題などはわたしたちにすぐに身近な問題となる。だが、環境問題とは自然的問題と自然科学的認識だけではなく、社会的問題でもあり、それはわたしたちの経済活動とも密接な関係をもってきたのである。この意味では、経済を冠されたグローバリズムもまたわたしたちに身近な問題となる。

たしかに、貿易そして資本の移動をめぐる国と国との間にあったさまざまな制度的――当然、政治的でもある――障壁は、東西冷戦の終焉と大企業の一層の多国籍展開、さらには米国主導の経済外交によって取り除かれ、資本は市場経済の名の下にますます越境してきた。これを資本グローバリズムと言い換えても良い。資本は、地球規模の統一市場の下にグローバリズムを要求し、資本のグローバリズムを押し出した米国外交は二国間から多国間にわたる地球主義を主張してきた。一方で、グローバリズムは、それを主張する国のナショナル・インタレスト（国益）と密接につながっているという面をもつことを忘れてはならない。つまり、グローバリズムとはしばしばナショナル・インタレスト（国益）を強く刻印されたナショナリズムの別名であり、ナショナリズムがグローバリズムにもなりうるのである。

グローバリズムを主張する諸国においては、それに異を唱える諸国に対してナショナル・グローバリズムと言い換えてよいグローバリズムが主張されてきたし、いまもまた主張されている。その結果、逆説的ではあるが、グローバリズムは皮肉にもその内外においてナショナリズムというイデオロギーを強く抱え込んだグローバルな動きをもたらしてきている。

現在の経済システムをグローバリズムというなら、それは過去において資本を国内での狭い活動から解き放ち、国外へと膨張させてきた歴史に呼応しているのである。世界システム分析で大きな業績を残した政治学者のイマニュエル・ウォーラーステイン（一九三〇〜）は、スペインの大学に招かれた夏季集中講義で、これから経済学研究に踏み込もうとしている大学院生を相手に、資本主義とはいまに始まったわけではなく従来からグローバリズム＝世界システムであることを強調したうえで、ナショナリズムについても語っている（『入門・世界システム分析』所収）。

つまり、国民とはナショナリズムの要請の場である初等教育（学校）、軍隊、国民的祝典を通じてつくられたもので、ウォーラーステインもまたベネディクト・アンダースンと同様に共通国民言語の成立を重要視する。その意味ではナショナリズムの中核をなす国民（ネーション）意識は、一九世紀以降の産物であり、ナショナリズムは資本主義の世界システム化のなかで強められこそすれ、弱められることはなかったのである。

一国のナショナリズムの先に、国と国を超えたインターナショナリズムがあり、さらに地域と地域を超えたグローバリズムがあるとすれば、わたしたちの歴史はそれが過去において帝国主義でもあったことを伝えている。ウォーラーステインの指摘を俟つまでもなく、世界システム化としての近代化の歴史は資本の膨張史でもあり、それが各国においてナショナリズムを呼び起こし、国民国家の形成を促してきたのである。

だが、この種のグローバリズムはしばしば偏狭で独善的なナショナリズムをもたらしてきたことも事実である。それはしばしば不幸なことに、他国への憎悪に満ちたウルトラナショナリズムに転化したこともあった。日本もまたそうした道を辿った諸国の一つであった。

そうした日本の歴史としてのナショナリズムは、ウォーラーステインのいう世界システム化＝近代化というグローバリズムによって呼び起こされたアジアの隣国のナショナリズムとどのように異なったのであろうか。アジアの大国である中国の近代化を理解する上でも、「ナショナリズム」が重要な鍵概念であると説き続けたのは、中国文学者の竹内好（一九一〇～七七）であった。竹内はつぎのように主張した。

「中国に関するかぎり、ナショナリズムというコトバは、近代史の流れを解明する上に役立つ重要な、鍵をなす観点だろうと思います。……中国の近代を貫く目標は、対外的には帝国主義の侵略からの国家的独立、対内的には封建勢力からの国民的統一ということで、それを支えているのが根強い民族意識であります……さて、日本はどうかというと、日本はアジア諸国における唯一の例外でありました。……丸山氏によれば、日本はアジア諸国の中で、ナショナリズムの処女性を失った唯一の国だ、というのであります。つまり、健康なナショナリズムがウルトラ・ナショナリズム（超国家主義）にダラクした苦い経験をなめている、ということです。……ともかく、日本のナショナリズムが、他のアジア諸国のナショナリズムとは異質であり、その異質性は、今日でもまだ根強く残っている」（『教育技術』昭和二七［一九五二］年五月号）。健康であるべきナショナリズムがなぜ日本では、超国家主義――超国家という意味はインタナーショナルでもグローバルでもないゆえにウルトラと冠される――に堕落し、中国では堕落しなかったのか。日本のナショナリズムはなぜウルトラ化したのか。

竹内の事実認識のように、「日本のナショナリズムが、他のアジア諸国のナショナリズムとは異質であり、その異質性は、今日でもまだ根強く残っている」とすれば、竹内の指摘から半世紀をすでに過ぎた現在の日本において、ナショナリズムとは一体何であろうか。

つまり、過去の戦争ごとに戦勝国として高揚――ウルトラ化――してきた日本のナショナリズムは、第二次大戦後、敗戦国となりウルトラ化しえなくなったとすれば、それはどのような変遷を辿ったのか。もっとも、この場合、まず、戦後日本といった場合の「戦後」の時代区分＝世代交代と、その下で戦後が語られる場合の「戦後」という言説が問われなければならない。

他方で、竹内のいうように、対外的には帝国主義の侵略への対抗意識と対内的には民族主義の高揚意識という二重性に刻印された中国のナショナリズムもまた、日本と同様に戦前意識の風化とともに同一のものではありえないはずである。

中国政治史学者の西村成雄は、『中国ナショナリズムと民主主義――二〇世紀中国政治史の新たな視界――』で、ナショナリズムそのものを、「自然的所与としての血縁的・種族的な基盤」をもつ素朴な「民主的ナショナリズム」と、その民族エネルギーを「『近代国民国家（ネーション・ステイト）』形成への衝動をもつもの」へと転化させた「公的（オフィシャル）・支配的ナショナリズム」とに区分した上で、これら二つのナショナリズムに刻印された中国ナショナリズムを論じている。

竹内のいう対外的動きに対抗する中国のナショナリズムは、西村のいう前者のナショナリズムであり、それは「アヘン戦争時の抵抗に象徴される意味での『自然なるものへの侵犯』に対する即位的抵抗意識とその運動の『救亡論』」である。また、竹内のいう封建勢力からの国民的統一に刻印された中国の対内的ナショナリズムなるものは、西村のいう「救亡論」＝「救国論」の先にあった「西欧民主主義思想とその政治体制」を意識した、近代的国民国家形成を目指したナショナリズムでもある。

西村はまた、『二〇世紀中国政治史』とは、このナショナリズムの二重性が具備された段階を起点とする視座にほかならない、……公的・支配的ナショナリズムに随伴した政治的民主主義のあり方は、民主主義そのものの価値とは区別されたところで手段化されて、……その段階のナショナリズムが要求する政治構造の一環として把握する必要」を説く。

毛沢東（一八九三〜一九七六）と同じ時代を生き、その政治路線に希望を託した竹内好とは異なり、その後の中国政治の具体的展開を知る世代に属する西村にとって、ナショナリズムが手段にも目的にもなり得る中国政治の現実のなかでは、それは対内的にウルトラ化する可能性をもつものとしても見通していたようにも思える。

西村は、西洋諸国そして日本の侵略によって起った「ナショナリズムの磁場が、現実の中国政治を見事に整序しなおし……中国国民党や中国共産党もその磁場に組みこまれないでは政治的影響力を構成しえない……二〇世紀中国政治を、全体としてナショナリズムに着色され、規定されたものとして把握し、それとの関連で政治的民主主義の特徴を、上から指導された民主主義としての『訓政論』的政治文化ととらえる」ことを強く主張する。

つまり、対外的に高揚されたナショナリズム——愛国主義——であれ、それはやがて対内的に政治的民主主義を求めるナショナリズムにも転化しうるのである。そのような動きを示唆する西村の視点は、米中関係正常化というニクソン外交の時代に留学生として中国に渡り、その後、クリントン政権で中国担当の国務次官補を務めた経験をもつスーザン・シャークの見方にも共通するといってよい。

ただし、付け加えるべきは、インターネットという手段が普及した時代におけるナショナリズムは、竹内の活字時代とも、西村のテレビ時代とも異なる伝播性と普及性をもつことである。管理されたかにみえるナショナリズムは、管理されないものとなって、大衆化されたナショナリズムに優位に転化しうる。シャークは『危うい超大国、中国』で、台湾問題や日本の靖国問題などをめぐって米国や日本に向けられた国内向けの「愛国主義」という公的ナショナリズム——共産主義などほとんど誰も信じなくなってしまった時代に生き残るために、共産党がナショナリズムを新しいイデオロギーとして採用した事実——がインターネットを通じてしばしば大きな反作用をもたらした事実を重視する。

シャークは、経済成長とナショナリズム——弱腰ではなく強気の外交姿勢——が両輪のようになってしまった一党支配的政治が、この二つの微妙な均衡の上に立たざるを得なくなった現状を決して楽観視はしていないようにみえる。シャークは後者の中国ナショナリズムについて、「今日の中国の若者たちが排外主義的ナショナリストの群れとなってしまった主な原因は、共産党が天安門事件のせいで損なわれた正当性を、愛国主義教育キャンペーンを通じて再建しようとしてきたことにある。共産党は、これ以上、ナショナリズムの情熱の火に油を注ぐのではなくその冷却を目指すべきだ」と主張する。

いうまでもなく、中国もまた西洋的価値観と伝統的価値観との間を揺れ動きながら、自らの近代化モデル——たとえば、周恩来の四つの近代化路線など——を追い求めてきた。そして、一九八〇年代以降のいわゆる改革開放政策という近代化路線は、国内的には地域格差と所得格差の拡大を通じて政治の安定をつねに突き崩す可能性をもったものでもあった。

このアンバランスによって引き起こされるナショナリズム——政治的に意識的にせよ、無意識的にせよ

——は、国内で解決されるべき課題を容易に対外問題に転化させることで過熱化されやすいイデオロギーでもある。これは日本のみならず、多くの国で経験されてきたことである。

中国研究者で、インターネットを通じたナショナリズムの「疑似公共空間」での大量消費という現実に注目する田島英一は、『弄ばれるナショナリズム——日中が見ている幻影——』で、中国共産党の公式ナショナリズムである愛国主義が対内的と同時に対外的にもつ反作用について直視すべきとする。田島はインターネットによる言説が、直接体験などを一足に飛び超え不特定多数のものとして増殖していく幻想性に警鐘を鳴らす。

考えてみれば、そうしたことはかつては直接体験をもつ世代層との交代というかたちで徐々に起こったことであるが、異なる地域と時間を即時的に越境するインターネットによって、それが短期間に起こる時代にわたしたちは生きている。

ここで日本のナショナリズムに戻っておく。日本の戦前派や戦後派の作家や知識人などのナショナリズムなどの言説を時系列的に丹念に追った社会学者の小熊英二は、『〈民主〉と〈愛国〉——戦後日本のナショナリズムと公共性——』で、敗戦後の日本社会でナショナリズムの内実がどのように変化したのかを探っている。小熊は戦後をつぎのように区分する。

第一の戦後——「もはや『戦後』ではない」と宣言した一九五六年の『経済白書』の時期までとする。すなわち、一九四五～一九五五年。この時期はいわゆる戦後政治の基本が整えられた五五年体制とも合致する。高度経済成長の入口までをいう。

第二の戦後——高度経済成長で象徴された時期から後をいう。

こうした時代区分に立って、小熊は「『第一の戦後』と『第二の戦後』のあいだに、日本のナショナル・アイデンティティをめぐる議論に、何らかの質的変化があったのではないかという仮説である。……『近代化』というものが、『第一の戦後』では達成されるべき夢として、『第二の戦後』では忌むべき既存秩序として語られていったことも、容易に理解できることである」とその変化をみてとっている。第一の戦後と第二の戦後との間に生じた何らかの質的変化を知るうえで有効な概念として小熊が提示するのは、日本のナショナル・アイデンティティに関わる言説の背景にある「心情」である。

小熊自身は、戦前・戦中と戦後の「言語的連続性」に着目しそれらを重視し、「多くの戦後思想は戦中思想の言語体系をひきずりながら形成されていたのであり、戦中思想とまったく断絶したところから発生しているわけではない」と指摘する。日本の戦後社会で、戦前派の政治学者であった丸山眞男（一九一四〜九六）等の言説が共鳴され受容されたとすれば、それは単に言説の巧みだけではなく、そこに「心情的共鳴（＝集団的な心情）」――連続性――があったからであるとしたのである。小熊はつぎのように分析する。

「思想家や文学者といえども、彼ないし彼女が生みだした表現が、当該社会の集団的な心情と連続しており、多くの人びとにとっての心情の『代弁』となりえた場合にのみ、ポピュラリティを獲得しうる。逆にいえば、著名な思想家とは、ユニークな思想を唱えた者のことではない。同時代の人びとが共有できないほど『独自』な思想の持主は、後世において再発見されることはあっても、その時代に著名な思想家となることは困難である。その意味では著名な思想家とは、『独創的』な思想家であるよりも、同時代の人びとに共有されている心情を、もっとも巧みに表現したものである場合が多い。」

学問史あるいは思想史において、独創的な思想や考え方はその独自性ゆえに一部の人びとに理解されてもその時代において異端視され、長い時期を経て定着することを物語っている。その意味では、その時代の代表的思想とは、少なくともその時代の大衆の支持なくして定着しえなかったのである。

さて、小熊のいう言説の連続性と人びとの心情の共有ということからすると、日本のエポックメーキングとなった戦後思想の大衆的共通基盤＝心情は、「戦争体験」である。小熊が前述の著作で、戦争体験を中心に知識人たちの言説を取り上げたのはそうした理由に依る。多くの日本人は戦後も戦争体験を引きずり発言したのである。小熊のことばで紹介しておこう。

「戦後思想で階級格差の解消や『単一民族』への志向が語られたのも、総力戦によって心理的に成立した国民共同体のイメージにくらべ、現実の社会における格差が目についた結果だったともいえる。……思想の内容からいっても、戦後思想の活力は、戦争体験から生まれていた。戦争は多くの知識人や学生を軍隊や軍需工場にひっぱりだし、そこでの経験が戦後思想の活力になった。そのうえ戦争と敗戦は、『死』とは何か、『正義』とは何か、『国家』とは何かといったテーマを、全国民レベルにまで共有させた。……『言語』とは何か、『存在』とは何かといった哲学的なテーマを、少年少女までもが考えなければならない状況から、戦後思想は始まったのである。」

戦争体験によって、思想、つまり国家と正義のあるべき姿を追い求めざるをえなかった日本の戦後思想であるが、そうした動きは最初の総力戦となった第一次大戦後の欧州で先行し、日本社会には遅れてやってきたといえなくもない。欧州大陸を焼き尽くした第一次大戦の傍観者であった、その当時の日本の思想は、直接体験者の思想とは明らかに異なる。

小熊のいう戦後思想が第二次大戦という強烈な原体験に裏打ちされたものであったとすれば、それは、戦後思想を担った人たちの世代交代とともに大きな変容を迎えることになる。直接経験者の思想から傍観者の思想への変化である。

小熊も、「こうした戦後思想の強みは、そのまま弱点でもあった。……戦後思想の崩壊感覚は、秩序が安定した高度成長期以降は、およそ理解されないものとなっていった。一九五五年を境として、混乱と改革の時代であった『第一の戦後』が終わり、安定と成長の『第二の戦後』が始まるなかで、いわゆる『五五年体制』の名のもとに『保守』と『革新』という勢力図式が固定化されたとき、すでに戦後思想の最盛期は終わっていた」と指摘する。

この時期以降、必然、戦後思想は形骸化され、言葉で語られても直接的体験に裏打ちされない感覚としての継続性、あるいは風化が、「戦争を知らない」世代において急速に現れることになる。

小熊の構図では、戦前・戦中時代に形成された言語感覚で語られてきた戦後思想は、それを担った世代層の退場——世代交代＝戦後生まれ世代の比重の高まり——とともに、やがて戦後の新しい世代によって、戦前派とは異なった言語感覚の下に継承されざるを得なくなった。むろん、拒絶といわないまでも忌避された場合もあったろう。必然、戦前・戦中的な言語感覚と生活文脈の下のそれとは全く同一ではありえないのである。

そして、いま現在である。小熊は、一九九〇年の冷戦終結以降を「第二の戦後」の終焉期、すなわち「第三の戦後」の始まりとみている。そうだとすると、「第二の戦後」の「外堀」であった国際秩序が消滅し、「内堀」であった経済成長もまた困難となったとすれば、第二の戦後を投影させていた戦争そのものの記録も遠いものとなって当然ではないかということになる。

たしかに、時間的経過とともに、戦前的直接体験による言説を担った世代が退場し、ますます新しい世代が登場した第三の戦後において、日本の国家と正義のあるべき姿を語ることばが、戦前派と同様にナショナリズムであったとしても、その内実は明らかに異なっているであろう。

この点について、小熊は「今後のナショナリズムの展望だが、筆者は原則的には、ナショナリズムを一様に全否定することは、さほど意味を持たない……個々の文脈を無視して、一括して『ナショナリズム』という総称を与え、それを肯定したり否定したりしても、どれほど意味があるのか……一般に戦後知識人は、権力機構としての国家は批判したが、ナショナリズムにはむしろ肯定的であった。別の言い方をすれば、彼らは国家という単位とは別個の『ナショナリズム』を語っていた」と述べた上で、つぎのように指摘する。

「参考になるのが、近年の在日コリアンや沖縄の『ナショナリズム』である。それはすなわち、政府・領土・言語・国籍などに回収されえない、ある種の共同性の希求に、『民族主義』という名称がついている状態である。（中略）新しい時代にむけた言葉を生みだすことは、戦後思想が『民主』や『愛国』といった『ナショナリズム』の言葉で表現しようと試みてきた『名前のないもの』を、言葉の表面的な相違をかきわけて受けとめ、それに現代にふさわしいかたちを与える読みかえを行ってゆくことにほかならない。それが達成されたとき、『戦後』の拘束を真に乗り越えることが可能になろう。」

ここで、前章でふれた近代化の二類型、すなわち、「国家→社会」と「社会→国家」というあり方に戻っておけば、近代化を揺り動かしたナショナリズムもまたこの二つの方向性によって異なるものとなることになる。戦前・戦中につらなる「第一の戦後」知識人は、「国家→社会」の狭間に位置した「国民」（ネーション）意識を通して近代化に反発感をもちつつ、「あるべき国家→社会」というかたちでの近代化＝ナショナリズム＝あるべき国民を保持したのではないか、というのが小熊の視点ではないだろうか。だが、「あるべき国家→社会」というかたちでの近代化もまた一方的なものであった在日コリアンたち＝民族にとっては、政府・領土・言語・国籍にとらわれない自分たちの社会・生活空間・言語・他国籍というかたちに回帰する、「社会→国家」という国民主主義としてのナショナリズムよりも、民族主義としてのナショナリズムへの関心が呼び起こされる。

それが国民意識と国家意識を超えたネーションとは異なるある種の共同性への希求であったとすれば、それは一国を超えた地域主義というリジョナリズムになるのかどうか。小熊のいう第三の戦後という時期において、日本のナショナリズムは自らの戦後の拘束なるものを乗り越えて、戦前派知識人たちが強く意識せざるをえなかったアジアのリジョナリズムになったのだろうか。

リジョナリズム

「リジョナリズム（regionalism）」といったときの「リジョン（region）」とはどこまでの地域空間を指すのだろうか。「リジョン」とは、元来、「支配する」や「統治する」という意味のラテン語から来ていることばである。その意味では、リジョンとは「支配された」地域のことを指してきた。

もっとも、リジョンということばは、単に地理学者だけではなく、さまざまな分野の専門家によって使われてきたところをみると、ある一定の特徴や機能が支配する共通領域がリジョンという概念でとらえられてきたことになる。たとえば、動植物学者がリジョンという場合、それは同一分類の植物や動物が生息している地域空間を示す。また、大気や海水の層がリジョンといわれるのも、科学的根拠に基づいた機能的特徴によって分類されたものであるからだ。

しかし、そのような分類としてのリジョンは、社会科学においては、自然科学のように明確な基準分類によってとらえられているわけではない。実際、地理学者のいうリジョンが社会学者や文化人類学者のそれと必ずしも一致していないのである。地理的、社会的、文化的な特徴などは時代により、地理的空間により異なり、同時にリジョンの指し示す範囲も異なるのである。

ここでラテン語源の字義通りのリジョンということばにこだわれば、リジョンとは支配地域や支配領域ということになる。社会という範囲にこだわれば、自然法則の支配性ではなく、その時代におけるある種の支配勢力のもつ勢力圏に密接に関連してリジョンが形成されてきたのである。

日本の周辺においては、古代中国の影響が大きく、中国を中心とするリジョンの拡大というリジョナリズムが存在していた。だが、こうしたリジョナリズムに大きな役割を果たしたのは、文化を担った文人たちの交換留学制度のような見えないかたちでの交換行為などではなく、むしろ見えるかたちでのモノの交換行為の堆積であった。そうした交換関係こそが空間範囲の拡大をもたらしてきたと考えてよい。

当初は、朝貢貿易というかたちでアジア周辺地域が中国に結ばれた。だが、内外の海上交通史は、モノの交換が周辺地域だけに限られていたわけではないことを示唆している。交換関係は周辺地域のみならず、遠隔地との間でも同時並行していたのである。

アジアの豊富な資源や動植物、そして工芸品などが遠く離れた欧州などに最初は単発的かつ冒険的に運ばれたことにより、彼らや彼女らにとってアジアは意識されるようになった。遠くアジアから運ばれた珍重品が日常品化することで、遠隔地に商品市場が形成されていった。やがてそうした交換関係が貿易関係へと変化し、さらにはアジアの植民地化というかたちでかつての「先進」地域＝アジアが「後進」地域＝欧州の近代化を促した。その後、「先進」欧米諸国が「後進」アジア地域の近代化を促すことになる。

そうした関係がアジア地域に住む人たちに、「アジアは一つ」という日常感覚を醸成させたかどうかはよくわからない。だが、「アジアは一つ」という関係を交易に限れば、皮肉なことにアジアから遠く離れたポルトガル、スペイン、英国、そしてオランダという欧州海洋国家がアジア域内交易で「アジアは一つ」という実感を味わっていただろう。

そうしたアジア交易の日本側の一大拠点は九州であった。朱印状による海外渡航が自由であった室町時代から江戸時代初期にかけて、九州の五島や平戸などと中国、東南アジア各地——現在のタイ、カンボジア、ベトナム、フィリピンなど——との間を往き来するさまざまな人たちがいた。その痕跡は東南アジアの日本人町や九州の唐人町などとしてかすかに残っている。遠く海を運ばれてきた物産の名称がわたしたちの日常的な日本語として、わたしたち自身が気づかないほどに定着している。

やがて、江戸期になるとともに交易は中国とオランダに限定されていった。日本の貿易は長崎出島で幕府の集中管理の下に置かれることになる。かつて日本の最大貿易国であったポルトガルや英国にとって代わったオランダの交易リストをみてみると、オランダ東インド会社の貿易船は中国で生糸と絹織物を積み込んだあと、東南アジア各地で更紗、鮫皮——日本刀に使用——、樟脳などを調達して出島にもちこみ、それらを金や銀と交換していた。

その後、東南アジアからの商品購入に使われた金と銀の大量流出に困惑した江戸幕府は、金銀から銅——いわゆる棹銅——との交易に切り替えた。一方、オランダ側の主力商品は船のバラストともなった砂糖となり、日本各地でサトウキビが栽培され砂糖が自足されるまで、砂糖はオランダ側に多くの富をもたらすことになる。

「アジアは一つ」という関係は、もっぱらアジアの交易連関において鎖国下の日本でも成立していたのである。しかし、このように、交易という見えるかたちでのリジョナリズムが江戸期にあったとしても、見えないリジョナリズムがアジア主義の名の下で語られていたとはいえなかったのである。

その後、西洋列強による強制された近代化のなかで、日本は見えないかたちとしてのアジア主義ではなく、見えるかたち——工業化のための制度など——での欧化主義をとっていく。そうしたなかで、「アジアは一つ(Asia is one)」と主張した美術家官吏の岡倉天心（一八六二～一九一三）は、『東洋の理想』で、「アジアは一つ」というアジア主義が西洋列強から征服されたことのない日本においてこそ保持されてきたと強調することになる。岡倉は高らかに宣言する。

「アジアは一つである。二つの強力な文明、孔子の共同主義を持つ中国人と、ヴェーダの個人主義をもつインド人とを、ヒマラヤ山脈がわけ隔てているというのも、両者それぞれの特色を強調しようがためにすぎない。雪を頂く障壁といえども、すべてのアジア民族にとっての共通の思想遺産ともいうべき窮極的なもの、普遍的なものに対する広やかな愛情を、一瞬たりとも妨げることは出来ない。こうした愛情こそ、アジア民族をして世界の偉大な宗教の一切を生み出さしめたものであり、……」。

さらに、岡倉は日本を、「アジアの思想と文化という信託の真の貯蔵庫」としての「アジア文明の博物館」ととらえた。この背景にはいったい何があったのだろうか。それは果たして、日本とアジアとの共生を見据えたリジョナリズムとしてのナショナリズムであったのだろうか。

岡倉の主張の時代的背景には、ひたすら欧化主義で近代化を図ってきた明治政府にとって、行き過ぎた欧化主義に対抗しうる国民意識統合のためのナショナリズムを刻印させた日本主義を持ち込む必要があったと考えてよい。ただし、日本主義なるものが、アジア大陸から伝わったものとは明確に区別しうる純粋培養のものであったのだろうか。この点について、歴史学者の小田路泰直は『国民〈喪失〉の近代』で、岡倉が持ち込もうとした「日本主義＝アジア主義の博物館」というイデオロギーの矛盾をつぎのように指摘する。

「では、なぜそれは矛盾だったのか。ならばアジア主義的言説などを捨ててしまえば良いじゃないかということになりそうだが、そうはいかなかったからである。一つの国民文化を創造するためには、伝統を象徴化する『偶像』が不可欠であったが、その『偶像』として認知しうる文物の大半が、儒教や仏教といった外来思想の影響を受けて生まれたものである日本において、『固有文化』を立ち上げようとすれば、……外来文化の受容と咀嚼の歴史として自らの歴史を描くしか、方法がなかったからであった。」

小田路は、欧米列強のアジア植民地化によって破壊され失われた美術などが白禍の難を逃れた日本で保持——「アジア文明の博物館」——された、すなわち「外来文化の受容・蓄積」という岡倉のリジョナリズム的言説と「皇統不易の国体」主義という日本的ナショナリズムが実は矛盾などではなく、むしろ補完されるかたちでフルに活用されたのではないかとみる。

ただし、小田路は岡倉の日本主義＝アジア文明博物館論には「日本文化から普遍性と創造性が失われてしまったという落とし穴」があったと述べる。それは、つぎの二つの構図がつねに均衡するかどうかを疑問視したからだ。

・日本主義＝アジア文明博物館（雑種主義＝アジアイデオロギー）。

・日本主義＝皇統不易の純粋主義（国体イデオロギー）。

事実、アジアと日本のそれぞれのイデオロギー的言説を両端として、日本主義なるものは振り子のように揺れ動いたのである。小田路の「文化的アイデンティティ（個性）の保持こそ国家存立の基礎であったが、創造性なき文化をもってしては、迫りくる欧米文化――とりわけ二〇世紀に入ると、アメリカ型消費文化――の外圧に抗して、その文化的アイデンティティを保っていくことがなかなか困難になってしまった」という指摘は、日本がそのアイデンティティを求め、時にアジア主義に、時に日本主義に揺れ動いた歴史を浮かび上がらせる。

だが、岡倉のいう美術的アジアリジョナリズムという視覚感覚的なものを離れて、日本人はアジアというリジョナリズムをどのように感じ、自らのナショナル・アイデンティティとしてのナショナリズムに向かい合ったのだろうか。小田路が日本とアジアとの関係にみたものは、日本の近代化のもつ矛盾そのものであったともいえる。小田路はつぎのようにいう。

「国民の契約団体として国家を立ち上げることができず、最後は、社会有機体説に頼り、国家をアプリオリな統一体として描き出すことによってしか、国家を立ち上げることができなかった。それが、近代日本であった。近代日本が抱え込んださまざまな矛盾もここから発していた。近代日本が過度に侵略的な国家になったのも、思想信条の自由に対して過敏すぎるほどの抑圧的な国家になったのも、ここから来ていた。国家をアプリオリな統一体として理解しようとすれば、他の文化とは明瞭に区別された、その国家に固有の文化の存在を確信しなければならないが、日本の地政学的位置から考えて、それはいたって困難なことであった。元来日本文化なるものは、そのどこをとっても大陸アジアからの影響を抜きにして考えられない。……国家のアプリオリな統一性を言おうとすれば、人々の自由な価値選択を阻害し、国家を排外的契機を使って統合するという、邪道に陥らざるをえなかった。そこに近代日本の抱えたジレンマがあった。」

近代化とは、四つの要素——経済、政治、社会、文化——における近代化の総合化でもあることはすでに何度も強調した。小田路の指摘は、日本の近代化はもっぱら経済の近代化であって、それに本来呼応すべき政治の近代化＝「国民の契約団体として国家」の立ち上げを伴うことができなかったとすれば、日本における社会と文化の近代化はどのようにはかられたのかという問いをわたしたちに突きつけている。

小田路によれば、政治の近代化が行われなかった日本では、経済の近代化を社会と文化の近代化＝「社会有機体説(*)」によって支えるような危うい均衡の上に近代化が成立せざるをえなかったことになる。それは、政治の近代化＝民主主義と、社会有機体説としての天皇制との関係でもあったことになる。小田路は『憲政の常道——天皇の国の民主主義——』でこの関係をとりあげ、日本では民主主義が、「個人」ではなく「家」や「村」を「社会生活の単位」にする日本風デモクラシー＝日本主義となったことを論じている。

＊社会有機体説——社会組織の構造や変動について生物などのような有機体との比較から説明を加えた考え方である。フランスの社会学者コント（一七九八〜一八五七）や英国の哲学者スペンサー（一八二〇〜一九〇三）等によって発展してきた。日本では社会政策学者の金井延（一八六五〜一九三三）等によっても主張された。

いずれにせよ、突出した経済の近代化に伴う政治の近代化をはかることができなかった日本においては、社会と文化の近代化ではなく、その伝統性——それが多分に新たに創られたとしても——を強調した社会有機体イデオロギー——その自然さ——を強調せざるをえなかったのである。そして、つねに先送りされてきた政治の近代化を官僚制によって図ろうとしたため、その代償は官僚制度の肥大化と頑固な官僚文化の定着となっていまにまで続いている。

文字通りのリジョナリズムの文脈では、海上交通を中心とした交易史やアジア域内交流史が伝えているように、日本の場合に限らず、文化とは固有で独立したものではなくさまざまな時代のさまざまな交流を通じた相互作用のなかで形成されることで、創造的なものとなったのであって、文化形成の主因はその孤立性にはあるわけではない。日本もまた鎖国時代にあっても、既述のように文化的に完全に孤立していたわけではなかったのである。

しかしながら、日本にとって不幸だったのはアジアというリジョナリズムと自らのナショナリズムを対比させて、日本の早急な近代化を「国家↓社会」というかたちで図ろうとしたことである。そして、官僚主義と強い親和性をもっていまに継承されてきている日本の近代主義を克服できないままに、リジョナリズムとグローバリズムが唱えられていることである。

そのように考えた時、上野昴志のいうように、アジアリジョナリズムなるものの安易な登場を許さなかった竹内好を思い出す。上野は、竹内のアジアをつぎのように紹介している（『思想の科学』一九七四年、第三六号所収）。

「『アジア』についての論議が、文字通りただのコトバとして、現実のコトバとして、現実のアジアを封じ込める作用をしないという保証はないのである。私が、竹内好の存在を思い起こすのは、このようなときである。周囲の喧騒にひかれて我知らず『アジア』についての気楽なお喋りに加わろうとすると、竹内好は、きまって私の前に浮かびあがってくるのだ。」

竹内好は「日本のアジア主義」（一九六三年発表）で、アジア主義の多義性を踏まえた上で、「アジア主義という以外によびようのない心的ムード、およびそれに基づいて構築された思想が、日本の近代史を貫いて随所に露出していることは認めないわけにはいかない。ただそれは、民主主義とか社会主義とかファシズムとか、要するに公認の思想とはちがって、それ自体に価値を内在させているものではないから、それだけで完全自足して自立することはできない。かならず他の思想に依拠しながらあらわれる」と指摘する。

いまも、竹内の時代と同様にアジア主義やアジアリジョナリズムが語られる。その心的ムードのようなただのコトバがつねに何かに結びついてしか生命を保持できないものであるとすれば、グローバリズムで彩られたいまのアジア主義なるものの先に何があるかを問わずに、気楽なお喋りを続けるのを許さない竹内の強固な問いは、いまも生きつづけているのではあるまいか。

グローバリズム

しばしば、ナショナリズムはその国の固有文化に即して語られ、その独自性が主張されてきたし、また、いまも主張されている。だが、日本の縄文文化もまたそうであったように、他の文化――農業技術も含め――圏との接触がなければ、数千年以上にわたって同じような生活の営みが繰り返されてきたはずである。文化とは相対的なものであって、他の文化圏との接触において変化し、その相対的固有性が文化として創造されていくものである。

客観的史学は入手しえた文献に信を置くあまり、文化の伝播性をきわめて限定された範囲にとどめがちであるが、発掘による異文化のモノ――生活用品や貨幣まで――の発見は、陸上や海上を通じた人の交流がきわめて古くから行われていたことを示してもいるのである。

歴史はわたしたちが地球規模で長期にわたり繋がっていたことを語る。この意味で、わたしたちの歴史はまさに地球規模の人とモノ、そしてそれらに付随した情報の交換史であり、つねにグローバリズムなるものが存在したのである。

と同時に、名称こそ異なっても、その時代のイデオロギーとしての「グローバリズム」があったのである。ナショナリズムやリジョナリズムもまたグローバリズムに関わるイデオロギーとして語られてきた側面を見落とすべきではない。

ローマ帝国の時代においてすら、その膨張主義はある種のグローバリズムというかたちで文化の伝播をもたらした。ここ数世紀の歴史を振り返っても、海洋国家となったポルトガル、スペインや英国などの膨張主義というグローバリズムは、自国のナショナリズムに支えられたグローバリズムであった。日本の膨張主義もまたこの例外たりえなかったのである。

このような動きは東西冷戦下でも弱まることはなかったのである。旧ソ連が解放の思想としての社会主義＝グローバリズムで、米国などもうひとつの解放の思想としての民主主義＝グローバリズムと対抗していたことを思い出しておく必要があろう。重要なのは、グローバリズムとは現在においても、また、地球規模の生態系を指し占めす科学的客観主義ではなく、主観的なナショナリズムなどが刻印されたイデオロギーであることである。

カール・マルクス流の上部構造と下部構造に関わるイデオロギー論を持ち出すまでもなく、一国のナショナリズムの延長としてのグローバリズムは、他国に向けてはその普遍性や平等性をしばしば主張したが、他国にとってそれは膨張主義以外のなにものではなかったともいえる。

マルクスの『資本論』などを通して国家論を展開してきた柄谷行人は、『世界共和国へ――資本＝ネーション＝国家を超えて――』で、旧ソ連崩壊後に「資本主義的な市場経済がグローバルになった」という意味で、過去と区別しうるグローバリズムの進展を最近の傾向とみる。つまり、柄谷は従来のグローバリズム的体制ではすべての「国」が一つの世界市場に組み入れられていたわけではなく、「近代の世界市場において初めて、真の意味で一つの世界の、もはやその外部がないような世界が成立した」と指摘する。

たしかに、ここ十数年来、資本の移動に障害となった制度の壁は欧州連合のような域内統合といった場合だけではなく、二国間あるいは多国間、あるいは多地域間で取り除かれ、資本の移動速度は加速度的に高まり、その高まりが制度の障壁をさらに低くさせてきた。

ただし、柄谷は資本主義のグローバリゼーション＝グローバリズムが資本のより自由な移動によって進展し、個々の国民国家の輪郭を揺るがしても、異なる国民国家を統合し、世界共和国と世界市民を生み出すかどうかについては慎重に留保している。

柄谷は、「注意しておきたいのは、近代の国民国家がそもそも資本主義のグローバリゼーションの中で形成された……国民国家は、その内部だけで考えることはできません。それは、つねに、他の国家や資本との関係に左右されます」と述べる。資本は世界を結びつけ、一国における「生産――流通――消費」という自国完結型の経済活動を突き崩し、世界を連動させたことは間違いない。

柄谷のいう「資本＝国民（ネーション）＝国家」という三位一体の関係は、資本の一層のグローバルな動きでそのバランスが崩れてきた。だが、それは過去においても、崩れていたのであって、その崩れこそが三位一体の関係を「資本＝国民＝福祉国家」のかたちで維持させてきたのである。

この点について、柄谷は先進資本主義国の福祉国家化で、資本と国民の間にバランスをとってきたインセンティブは、もう一つのグローバリズムのかたちであり得た社会主義圏の「消滅」によって弱体化してきたとみる。柄谷はつぎのように指摘する。

「その結果、『安い政府』が主張されるようになりました。資本が海外に出て行って、自国の労働者が失業しても構わない、それより資本の利潤を優先すべきだ、結局、それが国民の利益にかなうことになる、という主張が、まかりとおるようになった。」

きわめて逆説的になるが、ナショナリズムやリジョナリズムがグローバリズムを生み出し、グローバリズムというイデオロギーが偏狭でしばしば排外的なリジョナリズムやナショナリズムを循環的に生み出してきた。そうした循環が、偏狭なナショナリズムやリジョナリズムを伴ったグローバリズムをもたらすことになったのではないだろうか。

こうしたなかで、コトバとしてのナショナリズムやリジョナリズムを飛び越えて、わたしたちの生活空間であるローカルな視点からグローバリズムをとらえようという「グローカリズム」という視点が出てきた。「グローカリズム」の先に、わたしたちはどのようなグローバリズムを見据えることができるのであろうか。

グローカリズム

わたしが「グローカリズム」ということばに接したのは、一五年ほど前のことになる。かつてニューヨークの大学で、国連外交を実際の場から観察し理論化するような仕事をやっていた米国人の外交・政治学者から、このことばを教えてもらった記憶がある。彼自身は国連外交というグローバルな動きを追っているうちに、それがローカルな人びとの生活にどのような影響をもつのだろうかと疑問をもったという。

彼はニューヨークの著名な大学を去り、米国中西部の州立大学に移り、ローカルな生活空間からローカルな視点で、国際政治というグローバリズムを考え、そして地方政治やそこでの具体的な生活との関係を観察するような仕事をやり始めた。いうまでもなく、グローカリズムはその語感から察せられるように、グローバル（global）とローカル（local）の合成語であり、しばしばその内実は“Think globally, act locally”という標語で語られてきている。

「ますますグローバル化する」といわれる世界のなかで、ローカルの論理がどのようにグローバルの論理の中に貫徹され、グローバルの動きがローカルの動きの中に貫徹されるのかを問えば、それは語呂合わせ的にグローカリズムということになる。だが、この二つの関係は決して双方通行的ではありえない。

近代化の歴史を経済、政治、社会、文化の四つの範疇でとらえれば、すでに何度も繰り返したように、近代化は国民経済の壁を突き崩し、資本の論理をつねに貫徹させてきた。資本主義とはグローバリズムに支えられてきたのである。しかし、他方において、資本のグローバリズムは政治、社会、文化のローカリズムとの摩擦熱を高めてきた。この意味では、グローバリズムは近代化の摩擦熱として、グローカリズムを生み出してきた。

そのようなグローカリズムは、独善的で偏狭なナショナリズムに転嫁しない保証はない。たとえば、経済学者の影山喜一は、『地域マネジメントと起業家精神』で、グローバリズムの名の下に疲弊する地域経済の回復のために、ナショナリズム復活の必要性をつぎのように主張する。

「歴史のパラドックスには今更ながら驚かされる。現在の日本といえば、一四〇年前の対局にいるのではないだろうか。これほどナショナリズムの希薄な国民はいない。海外に出掛けて日本語が通用しなくなり、自分が日本人である事実を改めて思い知らされる。どこでも英語を耳にするにつけて、日本は大した国でないと感じる。国家も、国民と変わらない。……ナショナリズムの代りに昨今の日本人が、グローバリズムないしインターナショナリズムを身上とする。自国の歴史や事情よりも他国について知ろうとするのが、ほかならぬ日本の初等中等教育の特色ではないだろうか。……このように順次たどってくると、外務官僚の行動も理解出来る。彼あるいは彼女の関心は、自国の利益や同法の安全などには全然なく、専ら世界平和や国際間の協調にあるのだった。」

こうしたインターナショナリズムの国＝日本で、具体的にどのような手段と方法で地域経済を振興すべきか、影山の思いと苛立ちが行間から強く伝わってくる。影山は「ナショナリズムどころかグローバリズムあるいはインターナショナリズムを抑え、地域中心主義に依拠する起業家精神をどのようにしたら日本で育てられるだろうか」と自問する。

影山の求める地域中心主義に依拠する「起業家精神」とは、「国や政界に位負けしない」で「専門能力の蓄積」をもち、「広角度アンテナの駆使」ができる人材の心意気のようなものを示しているようである。グローバリズムの名の下のビッグバンで疲弊した日本経済と地域経済の再生においては、そうした人材の「世界を相手にしてもひるまない郷土愛」が不可欠であると強調する。

さらに、「国内のみならず国際規模で繰り広げられる地域間競争を勇躍勝ち抜こうとすれば、流動的住民を手練手管で集める以前に、筋金入りの土着民をつくらねばならない」とする。グローバルな動きに対抗するには筋金入りの強靭な心意気をもったローカルな起業家の存在が必要であるというのである。

たしかに、ビッグバン(*)という、資本の越境活動を加速化させた金融市場などの制度的同一化により、資本の越境的行動が、モノというより長い時間を要する分野より、きわめて短期に利潤を生む通貨そのものへの投機分野へ移った。その結果として、世界経済の即時的連動性はさらに高まると同時に不安定化し、地域経済の担い手たちがまさに"Think globally, act locally"せざるを得ないグローカリズムの時代がもたらされた。

＊ビッグバン――一九八六年一〇月の英国の当時の首相マーガーレット・サッチャー(一九二五〜)による英国証券取引所の改革を、宇宙の大爆発(ビッグバン)になぞらえ呼び始めた。具体的には、売買手数料の自由化、ブローカー制度などの廃止、証券取引所会員の外部への開放などを指す。これらの改革によってマーチャントバンクなどが証券業務に新たに参入できるようになり、より自由度の高いロンドン市場が世界的な国際金融センターとなっていった。日本では、そのような動きを受けて、一九九六年一一月に当時の橋本首相が「フリー、フェア、グローバル」の改革三原則を掲げ、日本の証券市場だけではなく金融市場の改革に着手した。翌年四月には、外為規制緩和、株式委託手数料の自由化、金融と証券とを分離していた諸規制の撤廃による銀行・証券・保険分野の競争促進もはかられ、外資系金融、証券、保険業者の日本市場参入も進んだ。

そうした状況を打破するために、世界を相手にしてひるまない郷土愛をもち、中央政府という国や中央政界にも負けない地域中心主義を、昭和一八[一九四三]年生まれの影山がローカリズムではなく、ナショナリズムと呼んでいるとすれば、ある意味では新鮮に感じるが、他方で改めてグローカリズムの下でのナショナリズムとは何であるのかという素朴な問いを浮上させるのである。

影山もふくめ、この世代が初等教育をうけた一九五〇年代はサンフランシスコ講和条約によって米国の主導の下で日本の世界復帰が図られたが、一九六〇年には米軍主導の世界秩序に否を突きつけた安保闘争があった。当時は、多くの人たちが戦前派のナショナリズムへ親和性と憎悪を同時に――アンヴィバレント――感じていた言節のなかに生きていた。

社会学者の小熊英二が『〈民主〉と〈愛国〉――戦後日本のナショナリズムと公共性――』で指摘したように、この時代のナショナリズムの言説の担い手は戦争体験者であり、語られたのは彼らの戦争体験としてのナショナリズムであり、そこには意識的にも無意識的にも「民族」ということばが刻印されていた。

この民族ということばの底流には、戦前と戦中の日本についてのアジアへの贖罪的感覚と反米的屈辱感があった。ナショナリズムはもっぱら左派運動家によって米国的秩序からの自立とともに主張されたが、戦前期にナショナリズムを主張した指導者たちが公職追放を解かれ政治や経済の表舞台に復帰し、その後、戦前的知識人と戦後派世代との交代、経済成長の時代がやってくると、ナショナリズムというコトバの処女性は薄れ、ナショナリズムはより大衆化されたものとなっていった。

「戦争体験世代の戦争の記録も、一九六〇年代から急速に風化した。言語にならない心情に代わって現れたのは、屈辱の傷を隠蔽し、感傷的な物語に無害化された戦争体験だった。……多くの人びとは、戦争体験の傷を直視するよりも、高度成長のなかでそれを隠蔽してしまうことを選んだ。……戦争を知らない世代の多くは、こうした心情を理解できなかった。……こうした一九六〇年代には、……一方では、江藤潤のいう『三百万の死者』といった、抽象化され無毒化された戦死者のイメージが形成され、それが保守的なナショナリズムとして回収されていった」と小熊が指摘するように、ナショナリズムのイメージは、敗戦直後の左派的なものから保守的なものへと変節していった。

それでは、影山のいうナショナリズムとは、戦前派知識人の手あかがついた、かつての米国占領下の民族を強く意識したものなのか。影山の文章の行間に見え隠れする米国流マネジメントへの強い反発がこの世代特有のものの表出であるとすれば、いまの若者たちが影山のいうナショナリズムをそのまま同質のものとして受け入れる保証はないのかもしれない。影山のいうナショナリズムとはいったいいまの世代に何を意味し、何をもたらすのであろうか。

影山の世代——ちょうど、わたしの長兄と同い年である——とこれに続く戦後生まれの私の世代にとって、戦争体験は直接的でないにしても、両親や親せき縁者からそれとなく聞いた記憶をもつ。もちろん、少年時代の小学校の教師など周りの大人たちもまた大体において、直接的戦争体験——軍隊体験をもったわたしの父も含めそれを個人的体験としてそう多く語っていたとは思わないが——をもっており、そのナショナリズム的な言説はどこか抑圧の利いたものでもあった。

地域経済格差の拡大と東京一極集中という戦前来の近代化の帰結への苛立ち——東京など首都圏生活者はさほど感じていないのかもしれないが——は、むろん影山だけにかぎらず、多くの人に共有されている感情であり、他方で地域経済を活性化させる起業家への待望感を生んでいる。影山はいう。

「起業家を待望するのは、何も（地方の）地域だけではない。明治以降の近代化プロセスをすべて含むのか、敗戦後の体系化されたシステムに限定するのか、はっきりしないところがあるけれども、日本は久しく制度疲労に限定する八方ふさがりの状態に苦しんでいる。……今更ながら起業家の不在を痛感する。」

ここでナショナリズムなるものに戻っておく。日本のナショナリズムの転換点が小熊のいうように一九六〇年代にあったとして、それからさらに半世紀を経た現在、影山が、一四〇年前の対極にあるナショナリズムが希薄で、グローバリズムを身上とする現在の日本国民に対して、ナショナリズムと郷土愛を持ち出さずにこれからのビジネスを論じることはできないと考えているとすれば、そのナショナリズムとは一体何であろうか。

岩波『哲学・思想事典』にナショナリズムの定義を寄せている政治学者の姜尚中は、アーネスト・ゲルナーの規定などからナショナリズムを「産業化された経済的な社会（ゲゼルシャフト）を、政治的および文化的な共同体（ゲマインシャフト）と合致させようとする。矛盾した営みである」とみる。少なくとも、こうした矛盾にも関わらず、ナショナリズムを強調すれば、そこに何らかのイデオロギー的装置が不可欠となる。すなわち、ナショナリズムは、何も純粋概念ではなく、そこになにがしかの国名や地域名が冠されてはじめてイデオロギーとして作動する性格のものではないだろうか。

日本のナショナリズム――中国の、あるいはドイツのといってもよい――といった場合、現実命題である「経済的実態（ゲゼルシャフト）」と、規範命題である「あるべき社会の姿（ゲマインシャフト）」を合致させようとして、もっぱら規範命題によって経済実態のあるべき姿を求めれば、規範命題を十分に満たしうる経済実態の現実的存在が不可欠となるのである。

この意味では、敗戦後の日本のナショナリズムは、日本がアジアの貧しい一国となった意識とアジアへの贖罪観に挟まれた抑制の利いたものであったといえよう。そうした日本のナショナリズムが、高度成長期には貧しいアジアからいち早く抜け出ることができたために、優越的なものへと変化していったとしても不思議ではない。

すくなくとも、そこに姜尚中の指摘した矛盾が生じなかったことで、無自覚なナショナリズムが日本社会を支配した。だが、昭和六〇［一九八五］年のプラザ合意のあと、日本のアジアへの直接投資の拡大は米国・

日本・アジアの三環的分業を形成させ、そのような環太平洋分業体制ともいうべき地域経済連関構造が、日本と米国に国内産業再編を促してきたのである。

こうしてグローバル化した経済実態に対して、国内政治的あるいは文化的な共同体＝郷土愛は、疲弊する地域経済の中にあって健全なナショナリズムを提供できるものだろうか。

そうしたナショナリズムが、わたしたちの近代化の帰結としてグローカリズムであるとすれば、その内実に偏狭なナショナリズムを押しこめることには無理がありすぎるのである。

終章　アジアと日本

アジアの分岐点

東西冷戦とバブル経済の崩壊、さらには米国発の世界信用恐慌は、資本主義システムへの危機意識を生み、アジアの経済的拡大を中心とした世界システムと日欧米経済連関性のあり方の再認識をせまり、さらには日本人あるいは日本社会の意識としての「アジアと日本」の新たな関わりの分岐点を見えにくくした。

経済面の危機だけに限らず、その相互作用による政治や社会の危機——それが現実命題であろうと、あるいは意識命題であろうと——、それらの背景には、ある種のシステムのほころび——システム危機——からくるつぎの変化を先取りするようなカオスが表出するのである。

そうした点について、ウォーラーステインは、スペインの大学での「世界システム論」入門講義の最終回「危機にある近代世界システム」で、既存システムから次なる「新たなシステム」への移行過程はつねにカオス的であることを述べた上で、現行の近代世界システム＝資本主義の成立においてもまた同様であったことをつぎのように指摘した（『入門・世界システム分析』所収）。

「史的システムには寿命があると述べた。……システムがもはや〔内的に〕解決しえない問題に突き当たるということである。これによって引き起こされるのが、世界システム分析で『システムの危機』と読んでいるものである。……非常な不安定な状況のなかでは、ひとびとはそれまでに手にしている権益や（ヒエラルキー的な）地位を確保しようとするため、そのような不安定は、深刻な不安感、ひいては暴力を招くことになる。」

米国の社会学者のタルコット・パーソンズ（一九〇二〜七九）のシステム分析論においても明らかにされたように、システムはその成立の過程で、利害対立と調整によって権益とそれに結びついたヒエラルキー的関係を生み出すものである。

システムがそれを生み出した諸環境との整合性を失い不安定化すると、当然ながらそれを内的に支えた権益とヒエラルキーもまた不安定化する。それは世界システムとしての諸国間、諸地域間の資本主義的連関性においても同様である。

そうしたウォーラースティン流の史的システムとしての資本主義は突如成立したわけではなく、それには前史があったのである。アジア地域についてみても、その成立にはアジア的前史があった。あるいは、アジア史的展開が欧州の資本主義的発展を促してきたともいえる。

欧州地域からみて東南アジア、日本からみて西アジアあるいは西南アジア地域は、モンスーン性気候とそれに依拠した水田耕作が支配的となったことで豊かな地でもあった。水田耕作はそれまでの焼畑耕作と異なり、土地の生産性を灌漑などの農業土木技術の発達と社会的分業の形成によって著しく高めたのである。水田耕作には水の管理が重要であり、灌漑用水の管理をめぐって共同体が形成され、また、余剰生産物の増加は直接耕作に従事する以外の社会階層――僧侶や戦士、さらには領主など――を生み出し、アジア各地に小国家群――王朝――を成立させた。豊かなメコン河とメコンデルタに残る旧跡はこれを物語っている。

こうした小国家群の成立は海上交通などを通じて交易活動を活発にさせ、腐朽性の少ない作物――たとえば、胡椒（コショウ）(＊)や肉桂（シナモン）(＊2)――、陶器や象牙などが交易物産となっていった。モノの交換はやがてヒトの行き来を頻繁にさせ、宗教――仏教、ヒンドゥー教、イスラム教――を含め文字や言語などの文化交流を推し進めた。狭い海域であるマラッカ海峡などは、こうしたアジア交易の結節点の一つとなっていった。

＊胡椒（コショウ）――コショウ科の蔓性常緑木でインド南部原産の香辛料作物である。実が加工される。

＊2肉桂（シナモン）――クスノキ科の常緑高木で、インドネシア原産の香辛料植物である。その樹皮を乾燥させたものが香辛料や健胃薬として利用されるようになった。日本には一八世前半に中国から輸入された。

その後、造船技術や操船技能の向上とともに、中国の商人たちがいわゆる朝貢貿易を拡大させ、インド大陸やアラブ地域との交易に乗り出している。とりわけ、中国が卓越していた技術をもっていた陶磁器は、日常品としてのみならず鑑賞用の美術工芸品としても魅力的な商品であった。インドやアラブ地域から発掘された元(＊)時代の中国陶磁器は当時の海上輸送路と交易の活発さをいまに伝えている。

＊元――モンゴル帝国第五代のフビライが南宋を滅ぼし、都を北京において樹立した王朝（一二七一～一三六八）である。その勢力範囲はインドネシア半島にも及んだ。

交易関係が双方通行の交換行為であるかぎり、双方が交換を有利にするための「商品」を探し求め、こうした活動がそれぞれの交易関係の深化と広域化を促したのである。中国側においては、陶磁器だけではなくのちには絹織物なども開発され、さまざまな商品と交換されていった。インドでは綿織物や従来の胡椒に加え丁子(＊)(クローブ)やナツメグ(＊2)などの香辛料が取引されるようになった。こうした交易関係は、アラビアやトルコなどのイスラム圏の商船と商人を通じて、やがて欧州地域のアジア物産への需要を掘り起こしていくことになる。

＊丁子(クローブ)――フトモモ科の熱帯性常緑高木。原産はモルッカ諸島で、インドネシアなどでも栽培された。つぼみを乾燥させ、香辛料や生薬として利用された。果実からは油もとれる。
＊2ナツメグ――肉豆蔻(ニクズク)の種子のなかにある胚乳を乾燥させた香辛料。

イスラム商人によって欧州大陸にもたらされたアジアの物産は、やがて欧州大陸の西端に位置するスペインやポルトガルなどのヨーロッパ人たちに、豊かな地域＝アジアを意識させることになる。彼らは陶磁器や香辛料などをイスラム商人を通してではなく、直接、彼ら自身の交易ルートを開発することで入手しようと意識し始めた。

欧州大陸の商人たちは、イスラム商人の流通網とは全く別の自分たちだけの独占的交易ルートを模索し始めた。問題は、欧州諸国がアジアに提供しうる交易商品であった。その頃、イタリア生まれの航海士クリストファー・コロンブス(一四四六頃～一五〇六)はスペイン女王の援助によってアジアへ何度かの航海を続け、一五〇二年にインド大陸――実はアメリカ大陸――への航路を発見した。この「新大陸」発見によって、欧州の商人たちはメキシコなどで銀を手に入れられるようになった。やがて、この銀――貿易用通貨――が中国との交易に不可欠な交換商品となる。

また、ポルトガルの航海士ヴァスコ・ダ・ガマ（一四六九頃〜一五二四）は、一四九七年にリスボンを出港してすでに発見されていたアフリカ南端の喜望峰を経由し、途中、イスラム船を拿捕し、翌年、船長の案内でインドの西岸に辿りついている。ヴァスコ・ダ・ガマによるアフリカ南西端の喜望峰を経由する航路発見は、欧州とアジアの交易を促進していくことになる。

そして、ウォーラースティンが注目した一六世紀には、アジア交易に乗り出す欧州諸国も増え、その主導権をめぐってスペイン、ポルトガル、オランダ、英国が元の動きを一挙に活発化させていった。さらに、英国は産業革命により手工業生産から機械生産へと移行し、近代化——工業化——のスピードが加速化されていく。そうしたなかで、アジアの植民地化をめぐる欧州の勢力争いが展開されていくことになる。

ポルトガルはマラッカ海峡地域、スペインはフィリピン諸島——のちに米国が進出——、オランダはジャワ島——インドネシア——、英国はインド、シンガポール、ビルマなどを、フランスはインドシナ半島のベトナムを自国経済に組み入れていく。欧州大陸国家のアジアでの覇権争いは、やがて欧州諸国の経済、政治、社会、文化の「近代化」を促すことになる。

そうした欧州諸国の近代化は、他方でアジアに植民化というかたちでの、強制された「近代化」を生み出していく。その後のアジアの近代化のかたちを形成することになる分岐点の一つが、ここにあった。アジアの植民化に支えられた欧州諸国の近代化は、国内において自由思想、さらには人権思想を定着させたが、アジアの植民地に対しては一層の経済的膨張主義——帝国主義——を押し出した。

先にみた欧州とアジアの交易ルートに、やがて間接的にも直接的にも日本は連なっていくことになる。ポルトガル船、英国船、オランダ船、さらにはロシア船、米国船の来航は日本に近代化を迫ることになってくる。そうした日本の近代化は、他のアジア諸国と同様に内と外という二重性を背負い込んだものでもあった。日本の近代化は、外に対しては遅れてきた帝国主義国家として朝鮮と台湾などに膨張主義を押し出し、内においては農業国家から工業国家への性急な転換という上からの近代化を課す二重性が刻印されたものであった。この対外膨張主義の帰結が太平洋戦争であるとすれば、欧州諸国、そして日本の膨張主義という近代化は、アジア地域にどのような足跡を残したのであろうか。

そうした強制された近代化から解放された、第二次大戦後のアジア地域の近代化なるものは、どうであったのだろうか。日本の敗戦によるアジアからの「引き上げ」と、欧州諸国の戦前体制への復帰志向は、アジアのナショナリズムと近代化への意識を改めて呼び起こすこととなった。近代化の範疇である経済、政治、社会、文化との関連でいえば、政治の面での近代化＝植民地からの独立が先行した。

各国別の植民地体制からの独立をみると、朝鮮半島では一九四八年に南北分断のかたちで国家の成立、オランダ、清朝、日本の統治をうけた台湾では一九四九年に蒋介石政権の成立、南アジアではインドが一九四七年に独立、東南アジアでは、インドネシアが一九四五年に独立宣言、一九四九年にオランダから独立達成、ベトナムが一九四五年に独立宣言、フランスと米国の軍事介入により一九七六年に南北ベトナムの独立派の誕生、ミャンマー（ビルマ）が一九四八年に独立、ラオスが一九四五年に独立、カンボジアが一九五三年に独立、マレーシアは一九五七年独立のペナン・マラッカのマラヤ連邦とマラヤ・シンガポールとボルネオの一部を含み一九六三年に独立、その後、一九六五年にシンガポールが独立、フィリピンが一九四六年に独立、などとなっている。

アジアの独立を象徴したのが、一九五五年に、アジアやアフリカから二九ヵ国の代表が集まってインドネ(*)

シアのバンドンで開催されたアジア・アフリカ会議であり、植民地主義への反対、基本的人権や民族自決に加え、米ソ対立のなかでの核兵器禁止や軍縮などを盛り込んだ平和一〇原則が採択された。しかし、この一〇年後に予定された第二回会議が、アルジェリアでの軍事クーデタで中止されたことは、この間のアジア・アフリカ諸国の国内政治の混乱を示唆していた。

＊参加国――アフガニスタン、イエメン王国、イラク、イラン、インド、インドネシア、エジプト、エチオピア、カンボジア、ゴールドコースト（英領）、サウジアラビア、シリア、スーダン、スリランカ（セイロン）、タイ王国、中華人民共和国、トルコ、日本、ネパール、パキスタン、ベトナム民主共和国、フィリピン、ベトナム国、ヨルダン、ラオス、リビア、リバリア、レバノン。

アジア・アフリカ会議において、反帝国主義、反植民地主義と民族自決――国民国家としての独立――が強く主張されたのは、独立したばかりの諸国にとって、すでに明確となりつつあった米ソ対立の構図が、かつて自国を翻弄した旧宗主国間の対立と重なってみえたからにちがいない。しかし、欧米諸国の人権思想や民主主義という国内政治システムがアジアやアフリカ諸国の独立を支える政治や社会の面での思想へと転化したものの、現実には植民地主義のもたらした社会階層の複雑性があった。

それがもっとも表れたのは経済の近代化――とりわけ、農業国家から工業国家への転換――においてであった。近代化の担い手である社会層の複雑さに起因する経済の近代化をめぐる政治、社会、そして文化の多重性という問題がそこにはあった。その後、輸入代替型工業化、さらには輸出主導型工業化を目指した経済の近代化をめぐる政策――政治――は、開発独裁主義――指導された民主主義――ということばで特徴づけられることになる。

開発独裁という政治は、外国資本や経済援助、国内での特定資本との結びつきによって、しばしば外から支えられたものであったゆえに、国内的な混乱に対する根本的な取組みを忌避させ、社会的混乱をいまにいたるまで複雑化させた面があった。東南アジアでのビジネス経験をもつ経済学者の鈴木俊は、『東南アジアの経済と歴史』で、インドネシアのスハルト体制（一九六五～九八）の崩壊についてつぎのように指摘する。

「日本はスハルト体制発足後まもなく最大の援助国になり、国民の税金を使ってスハルト体制を支えてきた。一部の学者も研究者もそれに動員され、あるいは進んで協力してきた。毎年巨額の経済援助を実施し、そのなかでインドネシアは工業化に成功した国であると日本ではおおむね評価し、多くの学者が『開発独裁』や『構造調整』の成功例として取り上げ、さまざまな『神話』をつくってきた。」

鈴木のいうインドネシアの神話などを支えた構図において、一九八〇年代後半からのアジアの経済成長物語をみてみると、昭和六〇［一九八五］年九月の通貨調整であったプラザ合意（*）後に日本からアジアなどへの直接投資額が増大したことによる影響がきわめて大きい。

*プラザ合意――昭和六〇［一九八五］年九月二二日に米国ニューヨークのプラザホテルにいわゆるG5（先進五ヵ国の蔵相、中央銀行総裁）が集まり、米国の貿易収支赤字是正のためドルと各国との通貨調整を行うことを決定した合意のことである。それまで、一ドル＝二三〇円～二四〇円台で推移していた円・ドル相場は合意発表後の翌日には二〇円ほど下落し、八六年には一六〇円台の後半、八七年には一四〇円台半ば、八八年には一二〇円台後半、さらに一九九五年には一〇〇円台を割り込むこととなった。

プラザ合意の翌年から一〇年間の、日本のアジアへの直接投資の推移を財務省（大蔵省）統計からみてみると、ＮＩＥｓ――韓国、台湾、香港、シンガポール――から、アセアン――インドネシア、マレーシア、タイ、フィリピン――、そして中国へと顕著なシフトが起こっている。

とりわけ、インドネシアへの直接投資が多かったことは、鈴木の指摘を俟つまでもなく、当時の日本とインドネシアとの経済的結びつきの強さを反映していた。アセアンへの直接投資額は日本のバブル経済崩壊後に調整局面があったとはいうものの、その後、中国へのシフトも含め、日本とアジアの域内経済連関は強まりこそすれ、決して弱まることなく続いてきた。さらに、日本だけではなく、韓国や台湾といったＮＩＥｓなども、アジア諸国——南アジアを含め——への直接投資を行ってきている。

日本からのアセアン諸国への投資が活発であった分野は、加工組立産業である電気機器であった。まずはすでに一九六〇年代から現地工場を稼働させていたタイやマレーシアへの投資が先行し、それがインドネシアやフィリピンにも波及し、さらには中国へとシフトしていった。日本についで韓国の電子機器メーカーもアセアン諸国や中国への投資を拡大させていった。アセアンや中国で完成された製品は日本だけではなく、欧米、とりわけ、米国市場へと振り分けられた。

こうした外資依存型のアジア経済の発展は、外資そのものの動向に大きな影響を受けることは一九九七年に通貨危機によって明らかである。アジアの近代化の方向性としては、とりわけ、社会の近代化＝安定化が必要であるが、それは、政治の近代化、すなわち、社会福祉制度の充実という所得の再分配や中間所得層を生み出す国民所得の分配機構の整備＝国内市場の拡大、さらにはこれを支える民主主義の定着なしには困難である。

一六世紀以降、欧州の近代化を支えるシステムに組み込まれ、それぞれのアジア地域に既存の社会と文化は、経済の近代化を支えるにはしばしば不適切なものとされた。日本の場合と同様に、性急な上からの近代化が志向される結果となり、政治の近代化が独裁的な官僚制と結びついたものとなった。外資依存のアジアの経済成長は、一九九〇年代には世界銀行などによって「東アジアの奇跡」ときわめて政治的、外交的な文脈の下でとらえられたが、そこにはもう一つの近代化への分岐点があったはずであった。

この東アジアの奇跡という「演出的」とらえ方は、かつての日本の軌跡を意識して名付けられたにせよ、決して外資依存ではなかった日本の近代化モデルと比べた場合、高成長であるという表面的共通点を除いて必ずしも同質性をもったものではなかった。国際政治学者の吉田勝次は『アジアの開発独占と民主主義』で、「東アジア型開発」モデルと社会的公正＝社会の近代化との関係を論じている。

吉田はそれを「独裁体制と市場メカニズムを結びつけることは避けがたいのだという気味の悪い決定論」であると述べた上で、社会的公正を欠いたままの経済成長を「東アジア型モデル」として、「地域の独自の文化」に結びつけた「一連の健全な公共政策」の結果とみる見方に対して強い批判を加える。吉田は従来のマクロ経済面のみの拡大を開発＝近代化ととらえるのではなく、近代化とは人間の開発に深く結び付くべきものであるとつぎのように主張する。

「開発の目的は、所得の拡大以上の概念であって、経済的、社会的、あるいは政治的な人間のすべての選択の幅を拡大することである。いいかえれば、人びとが健康を維持し、普通の教育を受け、当たり前の生活を安心してつづけられるような環境がつくられているかどうかこそが、開発の成果を計る唯一の包括的基準なのである。」

吉田自身は、東アジアの「ダイナミックな経済成長」という近代化が、社会的、政治的、そして文化的な面での人間開発に結びついていないことを問題視している。経済の富裕化が、なぜ社会の貧困の改善＝政治の近代化に必ずしも結び付かないのか。経済が社会に連動し、社会が政治に連動することで人間の開発が進展するとすれば、近代化の尺度は人びとの選択肢＝制度の拡大に連なるものでなければならないはずである。東アジア諸国にとっては、東アジア型モデルが唱えられた時期に、第二次大戦後の分岐点に続く、つぎなる分岐点があったといえよう。それは、たとえば、健康保険制度、教育制度、さまざまな社会的セーフティネットなどが整備されて、市場原理がもたらす優勝劣敗競争のもたらす負の部分の是正につながるはずであった。

近代化は国家と社会の関係をその相互作用の中で変容させ、結果として国家と社会の変容は政治の近代化を促してきたのである。それは、「国家→社会」というかたちでの近代化であるかぎり、官僚制の拡大をもたらすものである。日本や東アジアの近代化の歴史は、わたしたちに「社会→国家」という方向性でもって、もう一度近代化とは何かを問うべきことを示している。アジアの分岐点はいまもわたしたちの前にあるのである。

日本の分岐点

第二次大戦後、日本がアジアと共生していく上での分岐点はいつで、それはどのようなものであったのだろうか。その一つは、間違いなく、日本の戦後処理問題の解決に関わるものであった。

佐藤健生は、「戦後処理の日独比較」で日本の戦後処理問題をドイツのそれと比較して、共通点と相違点を整理している（望田幸男編『近代日本とドイツ—比較と関係の歴史学—』所収）。まず、背景の相違点である。

（一）地理的背景——「日本が植民地化したり侵略したりしたアジアの諸国が、戦後はまず独立獲得に取り組まざるをえなかったため、ヨーロッパにおけるドイツのようにアジアの厳しい目に日本がさらされることはなかった。アジアにおける戦後処理の遅れは、そうした独立国どうしの対等な関係の成立の遅れによるのである。」

(二)体験的背景──第一次大戦以降の「敗戦に続く敗戦の体験となったドイツと、初の敗戦体験となった日本では、その受け止め方が異なったことは自明である……首都ベルリン攻防戦が最後の戦闘を意味した。つまり敗戦の事実を、身をもって体験したこと……本土での戦争の体験は、原爆と空襲という『空からの災難』として、むしろ天災のごとく受け止められた（必然、地上戦のあった沖縄と本土の戦争認識の差は大きい─引用者注）。……負けた実感の欠如は、……戦争責任を、『敗戦』の責任として読み替える傾向へ進む。日本での戦争責任の論議が、元来問われるはずの『開戦』の責任問題としてなかなかとらえられない原因がここに存在している。」

(三)戦争責任的背景──「ドイツの場合は、ヒトラーという絶対悪……ユダヤ人の大量虐殺（ホロコースト）に適用される『人道に対する罪』……逆に言えば、日本の場合は絶対悪とも言うべきものがなかったがために、何が問題なのかが不明確なまま戦後処理が進められたことが、戦後に問題を残した。」

こうしたことが、戦後、両国と周辺諸国との関係に大きな影響を与えたことはいうまでもない。他方、共通点としては、ドイツが四ヵ国占領を受けたとはいえ、ドイツも日本と同様に米国の戦後戦略に大きく影響されていたことであった。しかし、仔細にみると、米国との関係においては、日本側の方が愛憎入り混じった感情──アンビバレンス──をもちつづけたのではあるまいか。それは、原爆投下（＝大量虐殺）という米国の「人道に対する罪」によって、日本の戦争責任が「贖罪」され、それ以上に被害者意識が日本人のなかに強く刻印されたことからも理解できよう。

こうしたなかで、戦争犯罪人をめぐる軍事裁判のあり方が、日本とドイツの周辺諸国への戦時賠償あるいは補償問題についての認識の相違を生み出すことになった。佐藤は、ほぼ同時期に行われた日独の軍事裁判の相違をつぎのように述べる。

「何よりもナチスの不正、犯罪行為が問題となったところに、あくまでも『(通例の)戦争』の問題として扱われた日本の戦後処理との違いがある。日本の場合には『犯罪集団ないしは組織』といったものの存在の有無すら論議されることなく、何が問題なのかは、結局は『戦争』というものに帰せられてしまった。」

このことが、ドイツには賠償と補償の双方、日本には賠償のみ、という戦争責任の違いを生むことになった。ここでいう賠償とは、戦争行為によって惹き起こされた損害への補償(=戦争損害賠償)であり、敗戦国が戦勝国に支払うべきものとされてきた。問題は敗戦「国」といった場合の、戦後のドイツと日本のあり方である。

第二次大戦後、第三帝国(=ナチス国家)が消滅し、東西両ドイツ国家が成立したドイツの場合、講和条約――ただし、統一ドイツ成立直前に旧占領国のみとの間に締結――を締結しようにも出来なかった。したがって、ドイツの場合、講和条約による賠償よりも、戦争責任として戦争被害者への広範な補償がより現実の問題として重要視される結果となった。

他方、日本では天皇制が条件付で継承・保持され、戦前国家と戦後国家では大きな違いがあるものの、国家そのものとしては「連続性」があった。さらに、日本の場合、アジア周辺国には独立と共産主義をめぐる旧宗主国との対立、米国の反共政策による干渉などもあった。この点で、ドイツと日本は根本的に異なった。ドイツは戦後国家の正当性の主張に大きなエネルギーを要し、国家賠償よりも戦争被害者への補償を優先させたのである。

そうした相違が、日本とドイツの戦後の「国是」における決定的な相違を生んだのではないかというのが佐藤の視点である。佐藤の描く構図を示すとつぎのようになる。

①非ナチ化としての「闘う民主主義」のドイツ――「『再教育（リエデュケーション）』による民主主義の徹底が重要な意味をもった。この『徹底』がポイントとなる。」

②非軍事化としての平和主義の日本――「戦争放棄に象徴される『平和主義』であろう。……ともあれ戦後の日本は自ら戦争を引き起こす国ではなくなった。」

ワイマール共和国の民主主義の鬼っ子として生まれたのがナチズムであることを考えると、ドイツ民主主義は「闘う民主主義」として徹底化されなければならないというのが戦後ドイツの政治的姿勢であった。

他方、日本の場合は、平和主義とはいえ、それは米国占領下で押し付けられ制定された憲法のなかの戦争放棄というかたちであるため、憲法改正論議の度に、集団自衛権との関連で第九条見直しの動きが続いてきた。

こうした日本憲法の見直しが、アジア諸国に対する日本の近代化のあり方の克服の線上にあったのかどうか。そうでなければ、そこにどのような日本の分岐点がもたらされるはずであったのだろうか。米ソ冷戦の構図が崩れ、中国の世界市場への復帰、その経済力と軍事力の双方における拡大とともに、米国のアジア戦略――経済外交と軍事外交――がより多角化してきたなかで、東アジア諸国は、日本がかつて米国のアジア戦略のなかで進展させた国家賠償ではなく、改めて日本に対して戦争被害者への直接補償などを求めた。このことは、かつてのドイツのような戦後体制の正当化への模索と努力を、日本人に課している。

日本は戦後、新たな経済の近代化を模索した。それは政治と社会の戦後的近代化を促したが、日本外交の近代化についてはどうであったろうか。それは、日本にとって世界のなかで、そして日本を含めたアジアのなかで個々の日本人がそれぞれの自画像を描くことでもあったはずである。こうした構図は、日本の近代化の歴史のなかで一貫したテーマでもあった。

日本近代文学の研究者である饗庭孝男は『日本近代の世紀末』で、日本の作家たちの作品への取り組みを通して、日本の近代化の歴史を、「即応と有用」＝西欧的近代モデルの導入と、「身体的、体験的思考」＝日本的近代モデルの維持という、二面性あるいは二重性の構図で鋭くとらえる。あたかもそれは習合思想――相異なる考え方を調和させること――のようなものであった。饗庭は、たとえば、明治日本の西欧思想の導入者であった哲学者の西周（一八二九〜九七）にふれて、つぎのように指摘する。

「それは西欧の学問や制度を儒教的思考のシステムにおきかえて考えることである。日本『近代』の形成過程は、このような思考のシステムのおきかえによって、それなりの『近代性』（モデルニテ）をつくり出してきたと言ってよい。……思考と言語が緊密、明確にむすばれて表現される西欧の思考と質的にことなり、言語に必ずしもよらず真理を把握する、身体的、体験的思考が日本の『伝統』の根底にあり、また民間信仰や仏教、儒教の『習合』思想が不可分な形で日本の思考に働いているからであり、西欧の思考の概念によってのみ判断し、批判すること自体が日本の思考を認識する上で意味をなさないからである。」

産業革命＝技術の発達による経済と軍事の拡大と社会の再編、および啓蒙思想の普及であった西洋的近代モデルを、饗庭のいう身体的、体験的思考の日本語で解釈し、明治維新以後の二〇年間ほどで日本語――漢語からの借用も含め――に置き換え、近代化へ向けての制度を整備――定着したかどうかは別として――した日本は、植民地となり宗主国の近代化モデルをそのまま導入することを余儀なくされたアジアとは大きく異なる。

饗庭は、西洋的近代化モデルの性急な導入に当たった明治の啓蒙思想家たちも、政治の近代化の確立を象徴した明治憲法が制定されて以降は、その近代化思考において「『国家有用』の『即応』性の論理は終焉に近づき、むしろ『個』の『自己』表現が前面にあらわれる」ようになったことを指摘する。ただ、日本で意識されるようになった「個」が西欧近代化の中で生み出された個と重なりあったのかどうかは、また別の問題であった。

饗庭自身はそれを異なったものと解釈している。すなわち西欧の近代化のなかで生み出された個は「緊張に満ちた契約関係」のなかにある自分の行為にその存在を求める「個」であるのに対し、日本の近代化において生み出された「個」は「自己と他者との関係」においてはじめて自覚される「個」であるとする。その相違がもたらす帰結について、饗庭はつぎのように指摘するのである。

「このような意味で考えれば、西欧的な『社会』と『個』の関係の仕方を自他にあてはめて日本の『近代』を論ずることの困難さが見えてくる筈であり、その上、明治憲法は、こうした心性をもつ日本の共同体を縦に天皇制に収斂する『国家』と『個』の問題が生まれたのである。」

饗庭が言おうとしているのは、日本の性急な近代化が支払わざるをえなかった代償がどこにあったかである。マックス・ウェーバーの官僚論の指摘を俟つまでもなく、近代国家の成立は官僚制度の確立と密接に結びついたものであり、ドイツなどと同様に日本の場合もまたその例外たりえなかった。

性急に整備された日本国家という「制度」には、同時に導入された人権思想や平等思想と整合性をはかる時間的余裕がなかった。それゆえ、近代化のためのさまざまな制度は、「自由」（個人の自由を認める）と、「不自由」（個人の自由を認めない）が同時に入れこまれた二重性をもったものであった。

饗庭は、二〇世紀から二一世紀にかかる「世紀末」の日本近代化の結末を意識しながら、『近代思想』(＊)や『白樺』(＊2)に関わった日本の作家たちのある種の行き詰まりに、日本近代化の分岐点としての問題性を見ている。


「整備されつつあった国家の『制度』と密接にかかわり、『自由と抑圧』の両面をつよく印象づけているのである。この時代に生きた人びとは、急速に、豊饒に、かつ自由に、その精神を身をもって造形したのである。（中略）大正期は明治における日本近代の『自己』発見を『国家』と結びつけるのではなく、『自己』の『内面』の発見と充実のためにエネルギーをそそいだ時代であった。そこに形成された思想がおのずから外部にむかうとき、『国家』と接触する。」

＊近代思想――明治四五［一九一二］年一〇月から大正五［一九一六］年一月まで、近代思想社が発行した雑誌。幸徳秋水（一八七一〜一九一一）等が処刑された大逆事件によって自由な思想表現が制限を受けるようになった時代的閉塞感を打ち破るべく創刊された。執筆者には無政府主義者の大杉栄（一八八五〜一九二三）や社会主義者の荒畑寒村（一八八七〜一九八一）等がいた。荒畑等が労働運動に転じたため大正三［一九一四］年九月に廃刊されたが、翌年一〇月に復刊。翌年には再び廃刊となった。

＊2白樺――明治四三［一九一〇］年創刊の文芸雑誌。人道主義や理想主義を掲げた。大正文壇の中心となった武者小路実篤（一八八五〜一九七六）、有島武郎（一八七八〜一九二三）、志賀直哉（一八八三〜一九七一）、里見弴（一八八八〜一九八

三）等が寄稿した。

日本近代における「国家→社会」というあり方とは逆のベクトルが働いたのが世紀末であった明治から大正にかけてであり、そこには「社会→国家」という日本の近代化の分岐点があった。饗庭はその動きを文学者たちの言説に見出している。

饗庭は文学研究者らしく、日本の近代化の分岐点での悲劇を、芥川龍之介（一八九二〜一九二七）の自死の背後にあった「次第に鞏固になりつつあった国家と『制度』のとり方と『自由』の享受との間にあるバランスが欠けていたところから生まれたものである」とみる。わたし自身は、バランスが欠けていることもまた近代化のあるべき姿であるとはとらえず、むしろ国家の危機とみたところに、日本にとっての本当の悲劇があったように思える。

そして、危機の克服を官僚制度の肥大化によってはかったところに、その後の真の意味での危機があったとはいえまいか。近代化とはその必然的結果として国家と社会に緊張関係をもたらす。そこに個としての近代化への自覚と、その下で社会の近代化を個人としてどのようにとらえるのかという、個の問題がある。

そうでなければ、近代化の問題はつねに国家、さらにその外部にある国家群との関係だけ――膨張主義――に押し出されてしまうことになり、他方において個の問題を私利私欲という経済的自由主義の面だけにとどめ、近代化が解体し続けた伝統的社会を、新たな公共性をもつ社会へと再編成させる契機を縮小させることになるのではないだろうか。これが戦後日本のもう一つの近代化の側面ではなかったか。

戦後日本の思想を論じてきた加藤典洋は、日本近代史などの研究者たちの書評会で、西欧近代化は「家」から「個人」を解き放ったことで、『私利私欲』の上に『公共性』を打ち立てられるかという壮大な課題に直面することになる」と前置きしたうえで、「敗戦と戦後の経験は、近代がもう一度日本にやってくる後発近代の経験だった……現在流布している公（パブリックネス）と私（プライヴェートネス）という考え方はその底にこの『私利私欲』という近代の鬼子の存在を隠した隠ぺいの一つですが、……戦前の戦争への加担と戦後の平和主義、私利私欲と公共性という対立しあうもの」が戦後日本社会でどのような展開を遂げたかを論じた（小路田泰直編『戦後的知と「私利私欲」―加藤典洋的問いをめぐって―』所収）。

加藤は、そのような問題を「内在」と「関係」という概念で論じつつ、日本が後発近代化の試練の枠内にいまもまだ留まっていると指摘する。加藤は「いまわれわれは憲法にもあまり信を置く事ができず、政治にも信頼をもてず、近隣諸外国との間にいまなお信頼関係を築くことができないままにいます。……これは大きく言って後発近代国の試練という枠内にいまもいるということである」という。

「近隣諸外国との間にいまなお信頼関係を築くことができないまま」の日本は、アジアとの経済関係の一層の緊密化のなかで、どのような信頼関係を模索することができるのだろうか。この問いはいまも個としてのわたしたちに突きつけられている。

アジアと日本

第二次大戦後のアジアと日本との関係を振り返ると、明治期の「新興国」日本は、あるべきアジアの「近代化モデル国」であったのが、日中戦争、太平洋戦争の敗戦国となり、あってはならないアジアの「近代化モデル国」となった。そうした日本は、どのようにアジア諸国の人たちに映ったのだろうか。

同じ敗戦国とはいえ、東西に分断され、四ヵ国――米国、ソ連、英国、フランス――による直接統治となったドイツと比べて、日本はソ連などの介入の可能性もあったものの、実質において米国単独の間接統治を受けた。他方、日本が深く関わった朝鮮半島やベトナムなどは南北に分断され、この分断と亀裂が生み出した紛争が野火のように広がり、戦争となった世界情勢が、日本の戦後経済復興を支えることとなった。この構図はあまりにも不幸で皮肉なものであったが、朝鮮半島において分断された韓国などについても、遠い隣国という感覚が日本の戦後社会に深く刻まれていった。

遠い隣国、日本と韓国を表現するのにこれほどに相応しいことばはないかもしれない。互いに距離的にはもっとも近い外国である。だが、互いに心理的距離感においてきわめて遠い。なぜ、そんなに遠いのか。わたしたちが韓国をよく知らないからだ。人は知らないことについては、自分との間に距離を感じる。わたしたちは、学校で朝鮮半島の戦後史についてほとんど教えられてこなかったからだ。

同時代史学会は、二〇〇四年に「朝鮮半島と日本の同時代史―東アジア地域共生を展望して―」というテーマで、シンポジウムを開催している。この種のシンポジウムのつねとして、時間不足から参加者がそれぞれに自らの視点を開陳しただけで、東アジア地域の共生のあり方までには議論は昇華しなかった。だが、それでも朝鮮半島――南北両国――と日本の関係について多くの問題が提起された。

戦後の朝鮮半島と日本との一見、対立した関係とは別に、そこには類似性と連続性もまたあった。それは、第二次大戦前からの反ソ・反共――これに共産主義政権となった中国が加わるが――という構図が、戦後の東西冷戦体制の成立のなかで継承され、これを担うべき「自由主義」国として韓国と日本は米国の下に位置したことであった。

シンポジウムでは韓国と日本の双方の報告者から、朝鮮戦争勃発直後から義勇志願兵が募集されることになり、「朝鮮人だけではなく日本人も多く義勇兵に志願した」忘れられた事実が報告されている。このほかに、日本の戦後賠償、日韓国交正常化交渉をめぐる当時の動きなどについても言及され、討論参加者からもいろいろなコメントが寄せられた。

その中の一人で英国近代史を専門とする歴史学者の木畑洋一は、朝鮮半島と日本との関係について、戦前の構図が戦後において総括されなかったのは、当時の国際情勢の変化と関係国の外交政策にあったことを強調した。その結果として、日本の場合には「脱植民地化過程を欠いた」ままに戦後の時間が重ねられた点に日本とアジアの関係史の特徴を求める。木畑は「イギリスにせよ、あるいはフランスにせよ、程度や様相の違いはあれ、脱植民地化のプロセスというものに向き合うときが否応なく存在した。……それぞれの国民が何らかの形で脱植民地化という問題に向き合う契機が日本の場合になかったことが、問題として非常に大きかった」と指摘する。

日本が米国によって占領されたことによって、日本人自らの脱植民地化の過程が米国によって肩代わりされ、日本人自らが直接的に脱植民地化に関わることを先送りさせてしまった。結果として、日本の脱植民地化は、当時の米国の戦後アジア戦略の論理の下で他律的に処理された。東西冷戦終結後の今日、米国のアジア戦略が朝鮮半島情勢、日本と中国、中国と台湾などとの関係変化のなかで従来とは異なったものになりつつあるなかで、かつて他律的に先送りされた問題は、日本の自律的なアジア外交のなかで浮上せざるをえないのである。

日本のアジアに対する政治的あるいは外交的側面とは異なり、経済的な相互依存関係はますます緊密化してきた事実もある。こうしてアジア域内の経済的相互依存関係が深まれば深まるほどに、逆説的ではあるが、米国と中国との関係変化等により戦後処理問題という日本とアジアとの関係をめぐる政治・外交問題が日本の前に立ちはだかるのである。

この韓日シンポジウム後に行われた討議でなされた、「南北朝鮮の経済交流と東アジア経済」を報告した経済学者の鄭章淵の、「日本は、戦後処理の責任を冷戦という特殊な時代背景を理由に十分な形で処理できなかったか、あるいは事実上猶予されてきた」という指摘は、先に見た冷戦体制という構図の変化に沿ったものでもある。

パネラーであった韓国の日本研究者の権赫泰もまた、「最近の変化というのは、さきほどポスト冷戦、内向きのナショナリズムの話を鄭先生がなさいましたけれど、やはり冷戦解体後に日本社会がアメリカを経由せず、朝鮮半島とほとんど初めて直面するようになったと。……日本社会が初めて朝鮮半島を対等な立場で見るようになった。ただそれが怖くて逃げていくという状況が、最近の右翼化という形で出てきた」と応じていたのも、先にみた構図を背景にしている。

現実に、日本と韓国、そして日本とアジアの関係を論じるのに、二国間関係やアジア地域のリジョナルな側面だけで済ますことはできない。欧州連合や米国とアジアとの関係を問わずして、アジアと日本の関係を語ることなどできないのである。

米国についてみれば、かつて米国は巨大な経済力によってその軍事力を維持し、旧ソ連などとの冷戦構造のなかで世界に大きな位置を占めた。米国は巨大な軍事力——といっても、世界各地に展開する基地の維持はその国の負担によっているが——と経済力によってその存在を維持することに躍起となり、冷戦後の世界においても実像以上に大きな位置を占めていることを示そうとしてきた。

だが、冷戦の前と後とでは、米国の世界に占める位置にも大きな変化が現れている。今日、米国優位の構図を長期にわたって維持できるほど、米国の経済力は絶対的優位を占めるものでなくなり、その相対的比重を日・欧・アジアとの経済外交関係のなかで維持せざるをえなくなってきた。米国の経済力を象徴する自動車製造業においても、クライスラー、ジェネラルモーターズ、そしてフォードの、いわゆるビッグスリーは苦戦を続けてきた。

自動車産業についてみれば、一九八〇年代はじめに、米国からの輸出よりも米国への輸入が大きく上まわりはじめ、日本や欧州のメーカーが米国内での生産を強化した。さほど雇用安定効果をもたないニューエコノミー産業群と比べ、広範な雇用創出効果をもった自動車産業は、米国製造業の実質的にも名目的にも象徴であったので、それだけに、その低迷は米国経済体制に大きな影響を及ぼし続けた。

もちろん、ハイテクやＩＣＴ（Information and Communication Technology）に関わったサービス業部門の興隆は無視できないが、実際の生産を海外に依存した上で成立した研究開発体制の雇用創出力は必ずしも大きなものではなく、また安定したものでもない。七〜八年前に、京都で開催された技術政策に関する国際シンポジウムで知り合った日本の自動車メーカーの開発技術者に、米国自動車産業のあり方について面白い意見を聞いたことがあった。彼はいう。

「わたしは国際経済や経営的なことはわかりませんが、技術者としては米国メーカーの技術者たちとはずっと付き合いがあります。彼らと話していて感じたのは、米国の自動車メーカーなどは研究開発やデザインだけを重視して、生産は海外でやればよいという考え方です。だが、自動車産業の実態でいうと、それでは製造技術の開発力や実装力――実際に品質を『作りこむ』技能――などが低下します。いまの米国自動車メーカーをみると、いろいろな研究開発の結果、すばらしいアイデアが出てきています。でも、問題はその成果を生かして、市場の動向に合致した水準のコストで部品やエンジンを作れるかというと、そのノウハウが急速に衰えてきつつあります。この傾向は、将来、米国自動車メーカーの競争力を引き下げることは明白なように思えるのです。……」

この技術者の指摘は、その後の米国自動車産業の推移を考えると慧眼であったといえまいか。研究開発と製造技術が連続的に形成されてはじめて、研究開発という能力が実質的な競争力に結びつくことになる。にもかかわらず、米国、さらには日本などは二〇年余りにわたり加工組立分野の海外移転、とりわけアジアへの移転をはかり、アジアの世界工場化をもたらしてきた。

こうした経済的な関係からすれば、米国と、そして世界の投資をいまも引き付けている中国、そして、太平洋圏国家としては忘れられがちなロシアを検討しておく必要があろう。米・日・中・ロの経済的特徴と関係でいえば、米国が生産資本主義からますます消費資本主義へと移っている一方で、日本はいまのところ生産資本主義と消費資本主義があい半ばする。中国はいまだ生産資本主義である。欧州経済志向が強く、アジア太平洋経済圏でさほど大きな位置を占めていないロシアは消費資本主義である。

もちろん、こうした資本主義類型と、これを取り巻く経済循環は今後も同様であるとはいえない。歴史的にみて、二〇〇八年末からの米国発の世界同時大不況の深化によって、中国もこれまで以上に消費資本主義への道を歩まざるをえなくなるであろう。

資本主義はつねに不均衡発展を内在し、この不均衡がもたらす差異が個別経済主体の利益をもたらすと同時に、消費市場の動向に大きく左右される。米国では、消費者が借金をして消費することに対して資金的還流が行われるかぎり、消費市場は継続されうる。ただし、この歯車が狂えば、アジア太平洋経済圏は大きく混乱し、新たな段階への模索を始めなければならないことは、世界同時大不況の結果としてわたしたちの知識となりつつある。

ところで、アジアと日本のはなしを経済だけですますわけにはいかない。軍事力均衡をベースにした外交関係についてもふれておく必要があろう。米国の圧倒的な軍事力を支える経済力の維持は、米国企業のグローバル展開だけでなく、より多国間関係の中で、多国間の協力なくしては困難である。湾岸戦争からイラク戦争へと繋がる米国の軍事外交は、他方において経済外交の比重を高めてきたことに留意しておく必要がある。

繰り返すまでもなく、アジアはその時代の世界情勢に翻弄されながらも、みずからの近代化像を追い求め近代化をすすめてきた。アジアの近代化は、つねに世界のなかのアジアという構図の変化によって、そのあり様もまた変化してきた。いままた、大きく動き始めたアジアのなかでこれからの近代化の構図を描く必要がある。かつて、近代化あるいはこの反作用としての脱近代化が叫ばれた時期は、いずれも日本の転換期にあたっていた。

日本の敗戦時期もまた近代化をめぐる議論が活発化した転換期であった。一生涯にわたって「シベリヤ」を描き続けた画家の香月泰男（一九一一〜七四）はシベリア抑留の経験者の一人であった。香月は自らシベリヤ捕虜生活を振り返った『私のシベリヤ』で、サンフランシスコ講和条約の頃に、日本人にとってシベリヤ、インパール、ガダルガナルとは何であったのかを自問し、つぎのように記した。

「私自身が、そして戦争に参加した一人一人の人間が講和を結びにいくというのなら話はわかる。どこか私の知らないところで講和が決められ、私の知らない指導者という人たちがそれを結びにいく。いつのまにか私が戦場に引きずり出されていったのと同じような気がする。この仕組みがつづく限り、いつ同じことが起らないと保証できようか。とにかく一切の指導者、命令する人間という者を信用しない。だから組織というものも右から左までひっくるめて一切信用しない。」

画壇にあって、一人シベリヤを最後まで描いた香月の姿勢は、戦争体験が風化する戦後日本社会のなかで孤高なものであったろう。立花隆は、下関で行った香月についての講演会で、香月の画を解説した山口県立美術館のパンフレットにあった香月のつぎのようなことばを紹介している。

「私はたまたま東京でデモを目撃した。わたしもかつてインターを歌わされて柵の中を練り歩いた。日本に帰りたいばかりに。まったくむなしいねり歩きではあったが。むなしいと思いながらも歩くことは悪いことである。その根性が。それが戦争につながるのだ。自分の思考を押し通さねばならぬ。人間一人一人が自分の考えを実行しなくてはならぬ。責任を他に転か（嫁）してはならぬ。しょせん人間は弱いものだと思い込んではならぬ。人間一人はまったく強いものである。群は強いように見えるが本当は弱いものだ。人間は一人でいる方が強いのだ」（香月泰男『私のシベリヤ』所収）。

立花は、香月の「人間は一人でいる方が強いのだ」ということばについて、「『人間は一人でいる方が強い』というのは、その後の香月さんの生き方そのままだったといえると思います。……香月さんは死ぬまで一匹狼で通し、シベリヤにこだわりつづけ、シベリヤをもたらしたものの根底にあると思われるものを追求しつづけました」と解説を加えている。

いまに生きるわたしたちにとっては、「国→社会」というかつての日本の近代化エネルギーとは異なり、個人として、さらにその集合体である社会のなかの個人としてアジアと日本について考えることが、日本の近代化の到達点を探ることにもなるのではないだろうか。

近代化とは、現代という語感をもつと同時に、その現代という現状に飽き足らずあるべき現代を求める分岐点をつねにわたしたちの眼前に突きつける運動性をもっている。近代化にはいろいろな側面があって当然であり、経済の近代化は政治の近代化と相互作用をもち、やがてわたしたちの社会を変動させ、わたしたちが固有で動かし難いとおもっている文化を変動させていく。

経済、政治、社会、文化という四つの範疇の近代化は、互いに影響を及ぼすものの、それは同時発生的な変化ではなく、時間差をともなう変動である。近代化はまずは経済において先行し、それまでの経済制度において押し込められていた人びとの欲望を無制限に開け放つことで、大きなダイナミズムをもつ社会変動のエネルギーにもなる。

社会学者の佐藤俊樹は『近代・組織・資本主義―日本と西欧における近代の地平―』で、日本の近代化の帰結について、「より長期的な視野でみれば、この『無邪気な個人主義』への転回は、明治以来進められてきた日本の近代化の、最終的な到達点にほかならない」と述べた上で、二一世紀近代をつぎのように展望してみせる。

「我々の目の前に広がる新たな近代は、どういう姿をしているのだろうか。一九世紀の近代社会を一言でいえば、それは無限欲望の社会だといえよう。一九世紀型の西欧近代も日本近代も、個人の無限欲望を前提とする点では共通する。その無限欲望が一九世紀以降、近代を外へ外へとたえずつきうごかしてきた。二一世紀型近代が有界の無限を生きる社会だとすれば、それは無限欲望と正面から衝突する。（中略）そうしてみると、二一世紀近代を真に特徴づけるのは、無限欲望にかわる何かの意味論的形式というより、その背後に共通する構造ではなかろうか。」

日本の近代化もまた、伝統的社会のもつさまざまな制約を経済的自由という無邪気な個人主義に置き換え、外へと拡大してきた。その無邪気な個人主義から構成される社会の近代化はもっぱら官僚制という制御機構において進められてきたが、無邪気な個人主義を統合させる社会的機構としての社会の近代がどの程度達成されたのであろうか。

戦後の日本のアジアへの関わりにおいて、高度経済成長は無邪気な個人主義を一層開放し、アジアとの経済関係は強められた。だが、そうした経済面での先行性は、やがて経済関係そのものの変動とともに政治、社会、そして文化の変動をもたらし、日本とアジアの近代化をめぐる分岐点を双方に突き続けてきた。そして、いまも突きつけられているのである。

あとがき

わたしが日本人のなかのアジアという視点から、本書のようなものを書こうと思ったのは、そう古いことではない、といってもそう最近でもない。ふり返ってみれば、早いものでもう二〇年以上が経過した。それは、日本の中小企業政策史をまとめるうえで政府文書などを読んでいたときに、明治政府が近代化を推し進める上で、中小商工業がその政策対象から抜け落ち、日本のなかでいわば近代化に乗り遅れた部門として暗黙裡にとらえられていたのではなかったか、と気づきはじめたころからである。わたしが三〇歳代半ばのころであったろう。

多くの中小企業研究者は、そのようなことに若い頃に気づいたのであろうが、経済研究所とはいえ、役所という場で中小企業の現代的な問題に取り組んでいたわたしにとっては眼前のいまという時代に取り組むのが精一杯であって、歴史的な視点はわたしの考え方のなかから見事に欠落していた。

その後、わが国の中小企業政策の現代的な課題をより明確にするために、国際比較——といっても米国であったのだが——に向ったわたしにとって、米国の中小企業政策を適確にとらえるためにその政策史に取り組んだことが、わたし自身の日本の政策史に対する知識の浅さに気づく結果となった。

遅ればせながら、中小企業政策史に関わる政府文書などを中心に、その周辺の政策関連の文書、当時の研究者などの著作——商工分野だけではなく、農業分野についても——に目を通すうちに、日本社会にとって近代化とは何であったのかという問いを、昔から、あるいはいまという時間軸から俯瞰したくなった。

と同時に、時間軸と空間軸との交差領域のなかで、日本の近代化をとらえる時、西洋諸国からのいわゆる「ウエスタン・インパクト」という視点だけではなく、日本を通じてアジアへの、あるいはアジアを通じて日本へのインパクトというものを近代化の面でとらえたくなった。

いうまでもなく、日本が近代化＝西洋化＝工業化という目標に向かっていたときに、日本人のなかに、アジア＝近代化に乗り遅れた地域という図式が出来上がりつつあった。こうした見方のどこかには、日本での中小企業問題との類似性があるのではないかとも、わたしは気づくようになった。

近代化＝西洋化ととらえなければ、日本においても伝統産業に発展の基盤をおく日本の近代化モデルがもうひとつの選択肢としてあったのではないか。これに気づかせてくれたのは、長くフランスに留まり日本の産業政策のあり様を考え抜き、『興業意見』を取りまとめた前田正名（一八五〇〜一九二一）である。とはいえ、前田正名はいまを生きているわたしにとって資料を通してみる歴史上の人物に過ぎない。

より個人的かつ直接的に、アジアについてわたしの考えをまとめるべきだ、と思ったのは五年前にタイのタマサート大学ＡＰＥＣセンターが主催した「ＡＰＥＣ中小企業セミナー」に出席したあたりからではなかったか。

わたしにとっては思い出深い会議であった。当初、会議はスマトラ島沖地震による津波で多くの人たちが犠牲になった、あの二〇〇四年一二月二六日を挟んで実施される予定であった。会場はタイのプーケット島の予定であった。

しかしながら、会場の確保がうまく行かず、翌年の二月に延期する旨の連絡がタイの知人からあったことを昨日のことのように覚えている。この津波によりプーケットなどタイだけで五千人以上が亡くなり、九千人近くの人たちが怪我をした。

結局のところ、タイの復興状況もあり、会議は五月にプーケットで開催された。場合によっては、わたしやその他の参加者も津波の犠牲者になったかもしれなかったろう。会議の合間に、被災地を会議参加者とともに歩いて、被害の大きさを改めて知ることとなった。

さて、この会議であるが、日本からの報告者はわたし一人であった。米国からは韓国語とタイ語が堪能な韓国社会論が専門の社会学者、インドネシアからは日本で研究生活を送った経験をもつ経済開発論の研究者、マレーシアからは計量経済学的手法を、中小企業を中心とする経済発展のモデルに適用している経済学者、シンガポールからは中小企業経営に関心をもつ経営学者、タイからは経済法（独占禁止法）の研究者、経済学者、金融機関の実務家や行政関係者などが参加した。

会議の最終的な焦点は、タイ工業省の高官が参加していたことからもわかるように、タイの工業化に果たす中小企業の役割を、各国の参加者が自国の経験——政策も当然ながら含み——から、その理想とするところを描き出すことであった。そのことは、わたしにとっては当然のことながら日本の近代化をアジアの近代化のなかでとらえなおすことであった。

むろん、中小工業政策をめぐるわずか二日間の、しかも参加者が大勢の議論では、大上段に振りかぶった議論などはできるはずもない。だが、その意識だけはわたしのなかで残った。この意識の残存的余熱が本書につながった。改めて、そうした会議に関わったタイの友人たちに感謝申し上げたい。

二〇一〇年七月

寺岡　寛

参考文献

【あ行】

饗庭孝男『日本近代の世紀末』文藝春秋、一九九〇年
明坂英二『シュガーロード―砂糖が出島にやってきた―』長崎新聞社、二〇〇二年
秋田茂『イギリス帝国とアジア国際秩序―ヘゲモニー国家から帝国的な構造的権力へ―』名古屋大学出版会、二〇〇三年
阿部謹也『近代化と世間―私が見たヨーロッパと日本―』朝日新聞、二〇〇六年
アレント、ハンナ（コーン、ジェローム編、中山元訳）『責任と判断』筑摩書房、二〇〇七年
安藤良雄編『近代日本経済史要覧（第二版）』東京大学出版会、一九七九年
石井修『世界恐慌と日本の「経済外交」―一九三〇～一九三六年―』勁草書房、一九九五年
石井寛治『日本の産業革命―日清・日露戦争から考える―』朝日新聞社、一九九七年
石橋崇雄『大清帝国』講談社、二〇〇〇年
伊東昭雄『アジアと近代日本―反侵略の思想と運動―』社会評論社、一九九〇年
井上清『井上清論集』岩波書店、二〇〇四年
今井清一『大正デモクラシー』（『日本の歴史』第二三巻）中央公論社、一九六六年
入江昭『日本の外交―明治維新から現代まで―』中央公論新社、一九六六年
同（篠原初枝訳）『太平洋戦争の起源』東京大学出版会、一九九一年
岩波講座『脱西欧の思想』（『現代思想』第一五巻）岩波書店、一九九四年
呉軍華『中国―静かなる革命―』日本経済新聞社、二〇〇八年

上野陽子・小熊英二『〈癒し〉のナショナリズム―草の根保守運動の実証研究―』慶応義塾大学出版会、二〇〇三年
上原一慶編『躍動する中国と回復するロシア―体制転換の実像と理論を探る―』高菅出版、二〇〇五年
内村美代子編『内村鑑三思想選書』第一巻（非戦論篇）羽田書店、一九四九年
江藤淳・松浦玲編『海舟語録』講談社、二〇〇四年
大泉啓一郎『老いてゆくアジア―繁栄の構図が変わるとき―』中央公論新社、二〇〇七年
大東和重『文学の誕生―藤村から漱石へ―』講談社、二〇〇六年
荻生茂博『近代・アジア・陽明学』ぺりかん社、二〇〇八年
小熊英二『単一民族神話の起源―〈日本人〉の自画像の系譜―』新曜社、一九九五年
　同『〈民主〉と〈愛国〉―戦後日本のナショナリズムと公共性―』新曜社、二〇〇二年
小倉和夫『吉田茂の自問―敗戦、そして報告書「日本外交の過誤」―』藤原書店、二〇〇三年
長田弘・高畠通敏・鶴見俊輔『日本人の世界地図』岩波書店、一九九七年

【か行】

影山喜一編『地域マネジメントと起業家精神』雄松堂、二〇〇八年
片山杜秀『近代日本の右翼思想』講談社、二〇〇七年
加藤聖文『満鉄全史―「国策会社」の全貌―』講談社、二〇〇六年
加藤陽子『満州事変から日中戦争へ』岩波書店、二〇〇七年
加納啓良編『東南アジア農村発展の主体と組織―近代日本との比較から―』アジア経済研究所、一九九八年
上山邦雄・日本多国籍企業研究グループ編『巨大化する中国経済と日系ハイブリッド工場』実業之日本社、二〇〇五年
柄谷行人『〈戦前〉の思考』講談社、二〇〇一年
　同『世界共和国へ――資本＝ネーション＝国家を超えて――』岩波書店、二〇〇六年
河上徹太郎・竹内好他『近代の超克』富山房、一九七九年

川口浩編『日本の経済思想世界―「一九世紀」の企業者・政策者・知識人―』日本経済評論社、二〇〇四年
関志雄『中国経済革命最終章―資本主義への試練―』日本経済新聞社、二〇〇五年
姜尚中『ふたつの戦後と日本―アジアから問う戦後五〇年―』三一書房、一九九五年
同『オリエンタリズムの彼方へ―近代文化批判―』岩波書店、二〇〇四年
桐山圭一『反逆の獅子―浅原健三の生涯―』角川書店、二〇〇三年
グラハム、ポウリン編（三戸公・坂井正廣監訳）『M・P・フォレット―管理の預言者―』文眞堂、一九九九年
小路田泰直『日本近代史研究序説』柏書房、一九九一年
同『憲政の常道』青木書店、一九九五年
同『日本史の思想』柏書房、一九九七年
同『国民〈喪失〉の近代』吉川弘文館、一九九八年
同編『戦後的知と「私利私欲」―加藤典洋的問いをめぐって―』柏書房、二〇〇一年
久保亨・土田哲夫・高田幸男・井上久士『現代中国の歴史―両岸三地一〇〇年のあゆみ―』東京大学出版会、二〇〇八年
黒野耐『大日本帝国の生存戦略―同盟外交の欲望と打算―』講談社、二〇〇四年
興梠一郎『現代中国―グローバル化のなかで―』岩波書店、二〇〇二年
小林英夫『満鉄調査部の軌跡―一九〇七～一九四五―』藤原書店、二〇〇六年
小宮山量平・鈴木正・渡辺雅男『戦後精神の行くえ』こぶし書房、一九九六年
黒田明伸『中華帝国の構造と世界経済』名古屋大学出版会、一九九四年

【さ行】

佐伯啓思『現代日本のリベラリズム』講談社、一九九六年
さくら総合研究所・環太平洋研究センター『アジアの経済発展と中小企業―再生の担い手になりうるか―』

日本評論社、一九九九年
佐藤卓巳『キングの時代—国民大衆雑誌の公共性—』岩波書店、二〇〇二年
佐藤俊樹『近代・組織・資本主義—日本と西欧における近代の地平—』ミネルヴァ書房、一九九三年
沢沼勉『米中相克の時代』日本評論社、二〇〇〇年
ジェイムソン、フレデリック（久我和己・斎藤悦子・滝沢正彦訳）『近代という不思議—現在の存在論についての試論—』こぶし書房、二〇〇五年
シャーク、スーザン（徳川家広訳）『危うい超大国・中国』NHK出版、二〇〇八年
ジャンセン、マリウス（細谷千博編訳）『日本における近代化の問題』岩波書店、一九六八年
シュミット、アンドレ（糟谷憲一・並木真人・月脚達彦・林雄介訳）『帝国のはざまで—朝鮮近代とナショナリズム—』名古屋大学出版会、二〇〇七年
進藤榮一『分割された領土—もうひとつの戦後史—』岩波書店、二〇〇二年
末廣昭『キャッチアップ型工業化論—アジア経済の軌跡と展望—』名古屋大学出版会、二〇〇〇年
杉原薫『アジア間貿易の形成と構造』ミネルヴァ書房、一九九六年
鈴木峻『東南アジアの経済と歴史』日本経済評論社、二〇〇二年
鈴木大拙（上田閑照編）『新編・東洋的な見方』岩波書店、一九九七年
ストレンジ、スーザン（西川潤・佐藤元彦訳）『国際政治経済学入門—国家と市場—』東洋経済新報社、一九九四年
席宣・金春明（鐙屋一・岸田五郎・岸田登美子・平岩一雄・伏見茂訳）『「文化大革命」簡史』中央公論社、一九九八年
園田茂人編『中国社会はどこへ行くか—中国人社会学者の発言—』岩波書店、二〇〇八年
同『不平等国家・中国—自己否定した社会主義のゆくえ—』中央公論新社、二〇〇八年
孫歌『竹内好という問い』岩波書店、二〇〇五年
専修大学社会科学研究所編『中国社会の現状』専修大学出版局、二〇〇六年

【た行】

竹内實『中国という世界―人・風土・近代―』岩波書店、二〇〇九年

竹内好『竹内好全集』筑摩書房、一九八〇年

田尻祐一郎『荻生徂徠』明徳出版社、二〇〇七年

田中彰著『小国主義―日本の近代を読みなおす―』岩波書店、一九九九年

田中宏・板垣竜太『日韓　新たな始まりのための二〇章』岩波書店、二〇〇七年

谷口誠『東アジア共同体―経済統合のゆくえと日本―』岩波書店、二〇〇四年

玉井金五『防貧の創造―近代社会政策論研究―』啓文社、一九九二年

玉野和志編『ブリッジブック・社会学』信山社、二〇〇八年

塚瀬進『満州国―「民族協和」の実像―』吉川弘文館、一九九八年

筒井清忠『昭和十年代の陸軍と政治―軍部大臣現役武官制の虚像と実像―』岩波書店、二〇〇七年

鄭大均『韓国のナショナリズム』岩波書店、二〇〇三年

寺本康俊『日露戦争以後の日本外交―パワー・ポリティックスの中の満韓問題―』信山社、一九九九年

同時代史学会編『戦争と平和の同時代史』日本経済評論社、二〇〇三年

同『占領とデモクラシーの同時代史』日本経済評論社、二〇〇四年

同『朝鮮半島と日本の同時代史―東アジア地域共生を展望して―』日本経済評論社、二〇〇五年

同『日中韓ナショナリズムの同時代史』日本経済評論社、二〇〇六年

戸坂潤（吉田傑俊編・解説）『戸坂潤の哲学』こぶし文庫、二〇〇一年

トッド、エマニュエル他『「帝国以後」と日本の選択』藤原書店、二〇〇六年

戸部良一『日本陸軍と中国―「支那通」にみる夢と蹉跌―』講談社、一九九一年

富永健一『日本の近代化と社会変動―チュービンゲン講義―』講談社、一九九〇年

同『近代化の理論—近代化における西洋と東洋—』講談社、一九九六年

【な行】

中西輝政『帝国としての中国—覇権の論理と現実—』東洋経済新報社、二〇〇四年
成田龍一『「故郷」という物語—都市空間の歴史学—』吉川弘文館、二〇〇五年
西村吉光『戦後アジアの国際関係』晃洋書房、一九九六年
西村成雄『中国ナショナリズムと民主主義—二〇世紀中国政治史の新たな視点—』研文出版、一九九一年
新渡戸稲造全集編集委員会『新渡戸稲造全集』教文館、一九六九年
日本経済評論社編「さまざまな戦後［第一集］」日本経済評論社、一九九五年

【は行】

萩原博文『平戸オランダ商館—日蘭・今も続く小さな交流の物語—』長崎新聞社、二〇〇三年
朴倍暎『儒教と近代国家—「人倫」の日本、「道徳」の韓国—』講談社、二〇〇六年
パーシェイ、アンドリュー（山田鋭夫訳）『近代日本の社会科学—丸山眞男と宇野弘蔵の射程—』NTT出版、二〇〇七年
波多野澄雄『太平洋戦争とアジア外交』東京大学出版会、一九九六年
パッペンハイム、フリッツ（粟田賢三訳）『近代人の疎外』岩波書店、一九六〇年
原田敬一『日清・日露戦争』岩波書店、二〇〇七年
東アジア地域研究会・中村哲編『現代からみた東アジア近現代史』青木書店、二〇〇一年
広岡守穂『近代日本の心象風景』木鐸社、一九九五年
ひろたまき『差別の視線—近代日本の意識構造—』吉川弘文館、一九九七年
樊綱（関志雄訳）『中国・未完の経済改革』岩波書店、二〇〇三年
胡鞍鋼（王京濱訳）『国情報告・中国の課題』岩波書店、二〇〇七年

藤原彰『日中全面戦争―拡大する大陸戦線と国民生活―』(『昭和の歴史』第五巻)小学館、一九八八年
藤原書店『環―満鉄とは何だったのか―』(別冊一二巻)藤原書店、二〇〇六年
フィールド、ノーマ(大島かおり訳)『天皇の逝く国で』みすず書房、一九九四年
ホワイティング、アレン(岡部達味訳)『中国人の日本観』二〇〇〇年
保坂正康『昭和の空白を読み解く―昭和史　忘れ得ぬ証言者たち・パート二―』講談社、二〇〇六年
同『検証・昭和史の焦点』文芸春秋、二〇〇六年
同『昭和史の教訓』朝日新聞社、二〇〇七年
同『昭和史の大河を往く「靖国」という悩み』毎日新聞社、二〇〇七年

【ま行】

牧陽一・松浦恆雄・川田進『中国のプロパガンダ芸術―毛沢東様式に見る革命の記憶―』岩波書店、二〇〇〇年
増田弘・波多野澄雄編『アジアのなかの日本と中国―友好と摩擦の現代史―』山川出版社、一九九五年
増田弘『石橋湛山―リベラストの真髄―』中央公論社、一九九五年
益田安良『グローバルマネー―だれがどう制御するのか―』日本評論社、二〇〇〇年
枡味準之助『日本政治史』第二巻・第三巻、東京大学出版会、一九八八年
松尾邦之助(大澤正道編・解説)『無頼記者、戦後日本を撃つ―一九四五・巴里より「敵前上陸」―』社会評論社、二〇〇六年
松浦玲『明治の海舟とアジア』岩波書店、一九八七年
同『勝海舟―維新前夜の群像(三)―』中央公論社、一九九六年
松浦正孝『日中戦争期における経済と政治―近衛文麿と池田成彬―』東京大学出版会、一九九五年
松尾尊兊『滝川事件』岩波書店、二〇〇五年
松沢弘陽・植手通有編『丸山眞男・回顧談』(上・下)岩波書店、二〇〇六年

間宮陽介『同時代論―市場主義とナショナリズムを越えて―』岩波書店、一九九九年
松本健一『竹内好論』岩波書店、二〇〇五年
同『竹内好「日本のアジア主義」精読』岩波書店、二〇〇〇年
丸川哲史・鈴木将久編『竹内好セレクション―アジアへの／からのまなざし―』（Ⅰ・Ⅱ）日本経済評論社、二〇〇六年
丸山昇『文化大革命に到る道―思想政策と知識人群像―』岩波書店、二〇〇一年
丸山眞男（松沢弘陽編）『福沢諭吉の哲学』岩波書店、二〇〇一年
同『丸山眞男集』岩波書店、一九九六年
同『座談』岩波書店、一九九八年
三谷太一郎編『吉野作造』（『日本の名著』第四八巻）中央公論社、一九七二年
溝口雄三・浜下武志・平石直昭・宮嶋博史編『アジアから考える』全七巻、東京大学出版会、一九九四年
溝口雄三『中国の衝撃』東京大学出版会、二〇〇四年
三好行雄編『漱石文明論集』岩波書店、一九八六年
向山英彦『東アジア経済統合への道』日本評論社、二〇〇五年
村松貞次郎『日本近代建築の歴史』岩波書店、二〇〇五年

【や行】

山口昌男『「挫折」の昭和史』（上・下）岩波書店、二〇〇五年
山田朗『軍備拡張の近代史―日本軍の膨張と崩壊―』吉川弘文館、一九九七年
山本有造『日本植民地経済史研究』名古屋大学出版会、一九九二年
同『帝国の研究―原理・類型・関係―』名古屋大学出版会、二〇〇三年
同『「満州国」経済史研究』名古屋大学出版会、二〇〇三年

兪可平（末浪靖司・徳永淳子訳）『中国は民主主義に向かう―共産党幹部学者の提言―』かもがわ出版、二〇〇九年
横山源之助『日本の下層社会』岩波書店、一九四九年
吉岡桂子『愛国経済―中国の全球化―』朝日新聞出版、二〇〇八年
吉田勝次『アジアの開発独裁と民主主義』日本評論社、二〇〇〇年
米原謙『日本的「近代」への問い―思想史としての戦後政治―』新評論、一九九五年
同『近代日本のアイデンティティと政治』ミネルヴァ書房、二〇〇二年
同『徳富蘇峰―日本ナショナリズムの軌跡―』中央公論新社、二〇〇三年

【ら行】

リースマン、デビット（加藤秀俊訳）『孤独な群衆』みすず書房、一九六四年
リップマン、ウォルター（河崎吉紀訳）『幻の公衆』柏書房、二〇〇七年
魯迅（竹内好訳）『阿Q正伝・狂人日記他』（改訳版）岩波書店、一九九八年

【わ行】

渡辺利夫・寺島実郎・朱建栄編『大中華圏―その実像と虚像―』岩波書店、二〇〇四年
渡辺尚・今久保幸生他編『孤立と統合―日独戦後史の分岐点―』京都大学出版会、二〇〇六年
汪暉（村田雄二郎他訳）『思想空間としての現代中国』岩波書店、二〇〇六年

人名・事項索引

人名・事項索引

【著者紹介】

寺岡　寛（てらおか・ひろし）

1951年神戸市生まれ
中京大学経営学部教授，経済学博士

〈主著〉

『アメリカの中小企業政策』（信山社，1990年），『アメリカ中小企業論』（信山社，1994年，増補版，1997年），『中小企業論』（共著）（八千代出版，1996年），『日本の中小企業政策』（有斐閣，1997年），『日本型中小企業』（信山社，1998年），『日本経済の歩みとかたち』（信山社，1999年），『中小企業政策の日本的構図』（有斐閣，2000年），『中小企業と政策構想』（信山社，2001年），『日本の政策構想』（信山社，2002年），『中小企業の社会学』（信山社，2002年），『スモールビジネスの経営学』（信山社，2003年），『中小企業政策論』（信山社，2003年），『企業と政策』（共著）（ミネルヴァ書房，2003年），『アメリカ経済論』（共著）（ミネルヴァ書房，2004年），『通史・日本経済学』（信山社，2004年），『中小企業の政策学』（信山社，2005年），『比較経済社会学』（信山社，2006年），『スモールビジネスの技術学』（信山社，2007年），『起業教育論』（信山社，2007年），『逆説の経営学』（税務経理協会，2007年），『資本と時間』（信山社，2007年），『経営学の逆説』（税務経理協会，2008年），『近代日本の自画像』（信山社，2009年），『学歴の経済社会学』（信山社，2009年），『指導者論』（税務経理協会，2010年），『アレンタウン物語』（税務経理協会，2010年），『市場経済の多様化と経営学』（共著）（ミネルヴァ書房，2010年）

Economic Development and Innovation: An Introduction to the History of Small and Medium-sized Enterprises and Public Policy for SME Development in Japan, JICA., 1998

Small and Medium-sized Enterprise Policy in Japan: Vision and Strategy for the Development of SMEs, JICA, 2004

アジアと日本――検証・近代化の分岐点――

2010年（平成22年）6月30日　第1版第1刷発行

著　者　寺岡　寛
発行者　今井　貴
　　　　渡辺左近
発行所　信山社出版株式会社

〒113-0033　東京都文京区本郷6-2-9-102
電　話　03（3818）1019
FAX　03（3818）0344

Printed in Japan

印刷・製本／松澤印刷・大三製本

ISBN978-4-7972-2409-2　C3333